大量死と探偵小説

笠井潔

星海
315
SEIKAISHA
SHINSHO

はじめに

「探偵小説＝二〇世紀小説」論のアイディアを得たのは、一九九〇年のことだった。八九年には北村薫、有栖川有栖、山口雅也、我孫子武丸などの有力新人が相次いで登場し、すでにデビューしていた綾辻行人、歌野晶午、折原一、法月綸太郎などの新作も順調に刊行されていた。本格探偵小説の第三の波は、この年にムーヴメントとして自立したといえる。

一九八九年は、東欧社会主義政権が連続倒壊した年でもある。ベルリンの壁の崩壊は、九一年のソ連解体に帰結する。二〇世紀とは第一次大戦、第二次大戦、東西冷戦と連続した世界戦争の時代だった。とすれば、社会主義の崩壊による世界戦争の時代の終わりは、精神史的な意味で二〇世紀の終焉を示しているのではないか。

第三の波の勃興と二〇世紀の終わりという二つの要素が思わぬ化学反応を起こして、「探偵小説＝二〇世紀小説」論のアイディアが生じたことになる。このアイディアを前提にドイツのハイデガー哲学と英米の大戦間探偵小説の同時代性を主題とした『哲学者の密室』

の構想をまとめ、九一年に雑誌連載をはじめることになる。『哲学者の密室』が刊行された九二年には、「探偵小説＝二〇世紀小説」論の要約としてエッセイ「大量死と探偵小説」（『模倣における逸脱』所収）を書いた。少し長くなるが、次に中心的な箇所を引用しておきたい。

人類がはじめて経験した大量殺戮戦争である第一次大戦と、その結果として生じた膨大な屍体の山が、ポオによるミステリ詩学の極端化をもたらした。戦場の現代的な大量死の体験は、もはや過去のものかもしれない尊厳ある、固有の人間の死を、フィクションとして復権させるように強いた。

機関銃や毒ガスで大量殺戮され、血みどろの肉屑と化した塹壕の死者に比較して、本格ミステリの死者は、二重の光輪に飾られた選ばれた死者である。犯人による、巧緻をきわめた犯行計画という第一の光輪、それを解明する探偵の、精緻きわまりない推理という第二の光輪。第一次大戦後の読者が本格ミステリを熱狂的に歓迎したのは、現代的な匿名の死の必然性に、それが虚構的にせよ渾身の力で抵抗していたからではないか。

第一次大戦で大量生産された、産業廃棄物さながらの瑣末な死は、同時に瑣末な生の陰画でもある。それは、まぬがれることのできない二〇世紀的な死と生の必然性を象徴している。

複数のミステリマニア青年が作中を彷徨する点で、新本格の先駆作品としても評価できる竹本健治の『匣の中の失楽』は、二〇世紀の世界戦争による大量死の陰画にほかならない、われわれの時代の凡庸な「大量生」の息苦しさを中心的な主題としていた。偏差値でランクづけされた、ベルトコンベアー式の人生。その終点は、どんな個性も許されないだろう病院での無名の死、尊厳なき死である。

第一次大戦の大量死が、英米にポオのミステリ詩学を徹底化する本格作品のブームをもたらした。他方、第二次大戦の記憶さえも風化した日本のポストモダン世代の、強いられた「大量生」の窒息しそうな日常が、新本格ブームの背景にはあるのかもしれない。

『哲学者の密室』で作中の登場人物が語る「探偵小説＝二〇世紀小説」論は、『探偵小説論』連作（序説、Ⅰ、Ⅱ、Ⅲ、Ⅳ）で理論的に緻密化されていく。

『探偵小説の哲学』の著者ジークフリート・クラカウアーが、第一次大戦後の典型的な大衆芸術として『大衆の装飾』で論じているラインダンスだが、「ラインダンスの新しい舞踏観、その根底にある新しい人間観」（『探偵小説論Ⅰ』）は、「人間を機械運動の歯車のごときものに還元する意志」という点で、「ナチズムのサイボーグ兵士の理想に、あるいはスターリン芸術理論を支えている『鋼鉄の人』のイメージに至近距離で共鳴」している。また「探偵小説は『芸術』ではない、『パズル』なのだと断定したとき、ヴァン・ダインは一九世紀的な人格性をパズルの項に還元する非情さの感受において、その時代的な必然性の認識において、塹壕戦から生じた二〇世紀精神に内在していた」。

『探偵小説論』で新たに加えられた重要な論点が、第一次大戦による近代的人間の「死」と、論理パズル小説としての探偵小説の必然的な照応性だ。「カフカの小説では内面性を剥奪された近代的人間の残骸が作品空間を彷徨するのだが、探偵小説の場合には、作品空間がそれ自体の論理において人物から内面性を剥奪してしまう」（『探偵小説論序説』）。「謎―論理的解明」のプロットを中軸とする論理パズル小説としての探偵小説は、第一次大戦の大量死という経験がもたらした「芯をくり抜かれた焼きリンゴさながらに、あたかも近代的内面を抜きとられたような人物」の存在を前提としている。しかも探偵小説空間を彷徨する二〇世紀的に空虚なキャラクターは、たとえば二重の光輪に飾られた被害者に典型的なように、「人間の復権」を虚構的に演じてもいる。こうした第一次大戦以前と以後、一九世紀性と二〇世紀性の奇妙な絡みあいのなかに、他ジャンルには見られない探偵小説形式の固有性が認められる。

「探偵小説＝二〇世紀小説」論は、日本の探偵小説をめぐる歴史的な難問に新たな解答を与えるものでもある。たとえば戦前の本格論争、戦後の芸術論争など。

一九二〇年代、三〇年代の日本で、同時代の英米探偵小説に匹敵する本格作品が書かれることなく、アメリカで本格ジャンルが衰退した第二次大戦後になって、ようやく大戦間の英米に匹敵する傑作群が出現しえたというタイムラグの秘密にかんして、「探偵小説＝二〇世紀小説」論は次のように考える。

第一次大戦を対岸の火事と見なした日本は、探偵小説形式の前提である二〇世紀的な大量死とも無縁だった。江戸川乱歩や横溝正史は、いわば第一次大戦以前の時代を生きていたわけで、大戦の産物としての「探偵小説＝二〇世紀小説」の水準には達しえない作家的限界を課せられていた。第二次大戦で日本人は、はじめて世界戦争のリアリティに直面する。第二次大戦後の日本で、英米の第一次大戦後に匹敵する本格探偵小説の傑作が書かれたのも当然のことだ。

以上は、戦前の本格論争にかんして最も説得力のある解答といえる。では、戦後の芸術論争の場合はどうだろう。

木々高太郎などの芸術論者は、探偵小説は芸術に昇格しなければならないと主張した。しかし「探偵小説＝二〇世紀小説」論の観点からすれば、大戦間探偵小説はモダニズム＝アヴァンギャルド芸術運動の有機的な一翼なのだ。シュルレアリスムや表現主義が「芸術」であるなら、探偵小説も「芸術」である。なにも木々の掛け声で、ことあらためて「芸術」化される必要などない。

大戦間のモダニズム＝アヴァンギャルド芸術運動は、一九世紀的な文学観や芸術観に致命的な打撃を加えた。こうした点からすれば芸術論者と論理パズル派の対立は、一九世紀的芸術観と二〇世紀的なそれとの対立だったともいえる。論理パズル派の理論的な低水準が、論争を必要以上に煩雑にしたにすぎない。一九世紀精神と二〇世紀精神を折衷しようとする点で、「一人の芭蕉」という江戸川乱歩の解決案には、はじめから根本的な無理がはらまれていた。

日本の探偵小説に限定されないものとして、ハワード・ヘイクラフトを代表格とする「探偵小説＝市民文学」論をめぐる難問もある。司法や警察制度の近代化が探偵小説の前提だとするヘイクラフトのような論者は、だからファシズム諸国やボリシェヴィズムに支配されたソ連には探偵小説が根づかないのだと主張した。見込み捜査と拷問が日常的な世界では、推理によって真相に迫る名探偵にはたしかに出る幕がない。しかしヘイクラフトの論では、近代的な警察制度を世界ではじめて確立したフランスに、大戦間探偵小説運動が不在だった理由をまったく説明できない。

フランス、ドイツ、ロシアなど第一次大戦の戦場となった大陸諸国では、大戦後にモダニズム＝アヴァンギャルド芸術運動が猛烈な勢いで巻き起こる。他方、直接の戦場となることを回避しえたイギリス、アメリカ、そして日本におけるモダニズム＝アヴァンギャルド芸術運動は、大陸諸国の模倣以上の域を出るものではない。これら三国では、いわばモダニズム＝アヴァンギャルド芸術運動の代替物として探偵小説運動が展開された。大量死という経験の直接性と間接性の相違が、モダニズム小説と探偵小説を分けた。それがまた、二〇世紀的な方法で一九世紀的人間の虚構的な復権を追求するという、複雑な二面性を探偵小説にもたらしたのだろう。

フランスにおける大戦間探偵小説の不在を説明するには、「探偵小説＝市民文学」論よりも「探偵小説＝二〇世紀小説」論のほうが有効だ。

提起された時点で「探偵小説＝二〇世紀小説」には、整合化されなければならない理論的な空白が幾点か残されていた。たとえば一九四〇年代以降、二〇年代、三〇年代に全盛を誇ったアメリカで、論理パズル小説としての探偵小説がジャンル的に消滅した事実を、どのように説明できるのか。日本の戦後本格もまた、アメリカの先例を踏襲するように六〇年代にはジャンル的な危機に陥る。探偵小説が二〇世紀小説であるなら、四〇年代アメリカの、あるいは六〇年代日本のジャンル的危機はどのように説明できるのか。

あるいは綾辻行人『十角館の殺人』（一九八七年）を起点に、九〇年代を通じ旺盛な生命力を発揮し続けて今日にいたる現代日本の探偵小説運動それ自体が、「探偵小説＝二〇世紀小説」論への無視できない反証ではないだろうか。このムーヴメントが自立した一九八九年は、精神史的な意味で二〇世紀が終わった年だ。「大量死＝大量生」の一般論を前提とした、「第二次大戦の記憶さえも風化した日本のポストモダン世代の、強いられた『大量生』の窒息しそうな日常が、新本格ブームの背景にはあるのかもしれない」という理解は、必要な批評的強度を達成しえていたのか。

法月綸太郎の提起になる「後期クイーン的問題」は、「探偵小説＝二〇世紀小説」論とは異なる角度から、探偵小説と二〇世紀精神の関係を問おうとする試みだった。厳格な形式化と、その必然的な破綻に二〇世紀精神の運命を見た柄谷行人の『隠喩としての建築』を参照しながら、法月はエラリー・クイーンの二〇世紀性を語ろうとしている。

国名シリーズの最高作とも評価される『ギリシャ棺の謎』だが、『探偵小説と二〇世紀精神』で検証しように、探偵エラリーの推理には無視できない欠落がある。しかし、だから『ギリシャ棺の謎』が失敗作だと主張したわけではない。

発見された論理的欠陥は、探偵小説を論理パズル小説と等置する立場からは致命的な傷だといわざるをえない。しかし探偵小説は論理パズルに徹底的に内在することで、結果的に論理パズルを超えてしまう倒錯的な企てなのだ。「操り《マニピュレーション》」というデッドロックに出くわしたクイーンは、それを探偵小説的論理に回収しようと全知全能を傾けた。探偵エラリーの論理的破綻こそが、この闘争に傾注された情熱と知力の圧倒的な量を、否定しがたいものとして読者に印象づける。

二〇世紀精神は、完璧に理性的な狂気があるという事実に無関心ではいられない。狂気と理性の二項対立に安住できる精神は一九世紀的で、完璧に理性的である必然的な結果として、狂気と見分けがつかなくなる異様な精神こそ二〇世紀的だ。ヴァン・ダインの『僧正殺人事件』が先駆的に明らかにしたように。しかしヴァン・ダインは、狂気と理性の極限的な同一性を主題的に提示したにすぎない。

後継者のクイーンは二〇世紀精神の器用な論評家だったヴァン・ダインを超え、生身の小説家として二〇世紀の観念的倒錯劇を演じぬいたのだろう。『ギリシャ棺の謎』に見られる探偵エラリーの論理的欠陥は、たんなる不注意の産物ではない。徹底して理性的であろうとして、理性の埒外に踏みだしてしまう二〇世紀精神の異様性が、この探偵小説では作者の意図を超えて露呈されている。それがクイーンという作家を、ライツヴィル連作や『盤面の敵』や『最後の一撃』にまで押しやったに違いない。

社会主義の崩壊と世界戦争の時代の終わりが、人類を破局的な暴力から最終的に解放したわけではない。冷戦に勝利したアメリカのもとで恒久平和が達成され、グローバル経済が世界にかつてない繁栄をもたらすという、二一世紀の楽観的展望はイスラム革命勢力の9・11攻撃で決定的な打撃を蒙った。そして到来した新世紀は反テロ戦争からウクライナ戦争やガザ戦争まで、同時多発する世界内戦の時代となる。

またグローバリズムの全面化は社会の二極分解を加速し、階級脱落《デクラセ》化した産業労働者や自営農民層は排外主義化しつつある。アメリカのトランプ派に代表される極右ポピュリズム運動が、二〇世紀の全体主義を再現にすることになるのかどうか、事態は混迷を極めている。

世界内戦は情報戦を含むハイブリッド戦争だし、二一世紀はインターネットとハッキング、フェイクニュースとポストトゥルースの時代でもある。この時代に「謎－論理的解明」の探偵小説はどのような変容を蒙りつつあるのか。二一世紀を迎えた探偵小説の現状を検証する前提としても、「探偵小説＝二〇世紀小説」の歴史的把握は不可欠だろう。

＊

「大量死理論」として言及されることが多い「探偵小説＝二〇世紀小説論」は、『探偵小説論』連作や『ミネルヴァの梟は黄昏に飛びたつか？』連作などで多視点から重層的に論じた。しかし筆者の探偵小説関連の評論書のほとんどは、刊行されてから十年以上が経過していて入手困難な場合も多い。それで今回、筆者の旧稿を取捨選択してアンソロジーを編むことにした。本書を手にした新世代の探偵小説読者から、二一世紀探偵小説論が提起されることを期待している。

目次

Ⅳ 大量死から大量生へ 193

I 探偵小説と世界戦争

1

探偵小説の歴史は、エドガー・アラン・ポオの「モルグ街の殺人」を起点とするといわれる。この説にはむろん妥当性があるに違いない。しかし探偵小説がジャンルとして確立されたのは、明らかに第一次大戦後のことだ。ポオ以降、謎と推理の物語は多数の作家の関心を集め、断続的に書き継がれてきた。『ルコック探偵』のエミール・ガボリオ、「ストランド」誌に連載されたホームズ物語で絶大な人気を博したコナン・ドイル、『月長石』のウィルキー・コリンズ、『黄色い部屋の謎』のガストン・ルルー、オースチン・フリーマンとG・K・チェスタトンなどなど。

しかしポオの後継者としては最大の成功をおさめたドイルにも、謎と論理の物語を質的に深めたチェスタトンにも、固有のジャンル作家という自覚は見られない。彼らが生きたフランスの第三共和政時代や、イギリスのヴィクトリア朝時代や、二〇世紀初頭の「ベル・エポック」期に、ポオが発明した探偵小説形式が固有ジャンルとして確立されていたとはいえない。

それはオノレ・ド・バルザックやチャールズ・ディケンズなど主流文学の作家、カトリック思想家や医者出身で歴史小説家志願者、さらにフェニモア・クーパー『モヒカン族の最後』を都市型に展開した犯罪小説のプロパー作家（『パリの秘密』のウージェーヌ・シューを先駆者とする）などが、ときに、たまたま試みることもあるという種類のマイナーな小説形式として書き継がれてきたに過ぎない。

ルルーやドイルが生きた時代とはむろん一九世紀だ。精神史の観点から事後的に捉え返るなら、一九世紀は一七八九年のフランス大革命から一九一四年の第一次大戦の勃発までの一時代だった。年表の上では二〇世紀に属するが、まだ第一次大戦の惨禍を知らなかった二〇世紀初頭の十数年間の「ベル・エポック」期は、帝国主義世界戦争の不吉な予感をはらみながらも、依然として一九世紀的な牧歌性の裡にまどろんでいた、古き良き時代だった。もちろん「良き時代」とは帝国主義諸国の市民たちにとってのことで、侵略され植民地化された諸国の人々は苛酷な政治支配と暴力的略奪にさらされていた。

ドイルやコリンズやチェスタトンの作品が、世界を制覇した大英帝国を背景として書かれている事実は、あらためて指摘するまでもあるまい。『四つの署名』や『月長石』などでは、犯罪の動機は植民地に見いだされる。本国と植民地の空間的差異性が、作中で物語られる犯罪の起源に位置している。イギリスを覇権国とする一九世紀の世界体制と、新興ドイツ帝国の和解しがたい対立が最初の世界戦争を惹きおこした。

またガボリオのルコックやドイルのホームズに顕著に見られる探偵方法を、一八世紀の啓蒙精神に起源をもつ、一九世紀的な実証精神の産物として理解することができる。真実に到達するためには、もはや神も信仰も必要とはされない。前時代の神学に代わって、経験科学が知の王座をしめるに至った。緻密な観察、論理的な推論、そして実験。実証精神が万能の方法と見なした、それが真理への唯一の道なのだ。観察家ホームズの趣味が化学実験であることも、決して偶然ではない。

実証精神の背景には理性にたいする無条件の信頼がある。理性的存在である人間は、必要な努力を惜しまないかぎり個人的にも社会的にも、倫理的にも経済的にも進歩と向上を達成することだろう。ようするに人間の未来は無限だと信じられていた。中世的な神は追放され、理性人＝労働人としての近代的人間が世界の中心をしめる。一九世紀とはそのような「人間の世紀」にほかならない。

晩年のホームズの最後の仕事がドイツとの諜報戦だったことを思い出してもよい。一九世紀を代表する名探偵キャラクターは、世界戦争の到来を予感しながら老いた足取りで退場していく。そして探偵小説をジャンル的に確立するだろう新世代の作家たちが、きびすを接して登場してきた。たとえば『スタイルズの怪事件』のアガサ・クリスティと『誰の死体?』のドロシー・セイヤーズ。そのようにしてホームズからポアロやピーター卿へ、それぞれの世紀を代表する探偵キャラクターもまた交替した。

一八九〇年に生まれたクリスティは、ヴィクトリア朝時代の残照を身に浴びて成長した一九世紀最後の世代だ。しかし「人間の世紀」、平和と繁栄にまどろんでいた一九世紀は不意に轟音をたてながら崩壊する。

英国は戦争を始めていた。

その当時と今のわたしたちの感じの違いをどう言いあらわしていいかよくわからない。今、戦争が始まったら、わたしたちはぞっとはするだろう、おそらく驚きもするだろう。が、びっくり仰天はしないだろう、というのは、わたしたちはみな戦争はあるものと思っている——過去にもあったし、いつまたあるかもしれないと思っているからである。しかし、一九一四年、それまで戦争はずっとなかった……どれくらいの間?　五十年……もっとだったかな?　いかにも、大ボーア戦争なるものがあったし、北西辺境地方で小ぜりあいもあったが、これらは自国そのものを巻きこんでの戦争ではなかった――いうなれば大規模の軍事演習、遠隔地での国力の維持であった。こんどは違う……わたしたちはドイツと戦争を始めたのだ。

（『アガサ・クリスティー自伝』）

英独の開戦を知らされたクリスティの「びっくり仰天」は、一時代の終わりに際会した一九世紀人の、堅固な大地が足下で崩れはじめたにも等しい巨大な精神的衝撃を示している。避暑地トーキイで暮らす中産階級の平凡な娘の生活を、世界戦争は一挙に、そして決定的に変えた。

クリスティは同世代の多数の娘たちとおなじように、本国に移送された傷病兵のボランティア看護師に志願する。待ちかまえていたのは、一九一八年九月まで総計で三千四百時間にもおよんだという傷兵病院での激務だった。クリスティが「吐物の清掃や化膿した傷の臭気」にまみれて過酷な看護作業に従事していたころ、大陸の西部戦線ではかつて人類の目撃したことのない大殺戮が演じられていた。

最初の五カ月の戦闘でドイツ軍は百万、フランス軍は八月の二週間で三十万を超える、想像を絶する数の戦傷死者をだした。フランス軍は一九一四年の年末までに三十万の戦死者と六十万の負傷者を数えた。ドイツ軍の被害も似たようなもので、「一九一四年も末になるとフランスもドイツもほぼ全家庭にひとりの戦死者を出した計算になる」（モードリス・エクスタインズ『春の祭典』）。

機関銃、長距離砲、軍用航空機、潜水艦、毒ガスなどの大量殺戮兵器は戦場に膨大な屍体の山を築いた。産業廃棄物にも等しいボロ屑のような死骸の山。大量の傷病兵の看護には、ヴィクトリア時代の婦人が得意としたような優しい「慰めの言葉」などなんの役にもたたない。患者の吐物や血膿にまみれた包帯を黙々と処理することが看護だという、即物的な自覚に達した若いボランティア看護師クリスティは、大陸の前線に送られた婚約者とおなじように大量死の二〇世紀を生きはじめていたのだ。

進歩と向上を信じた固有の顔立ちをもつ「人間の時代」の人々は、機関銃で掃射され毒ガスで窒息し無意味で無個性的な大量死をとげた。世界戦争を目撃した一九世紀最後の世代は二〇世紀最初の世代に転化する。惨憺たる世界戦争の経験が平凡な文学少女に精神的な変貌を強制した。二〇世紀を代表する探偵小説作家が、このようにして誕生するだろう。

第一次大戦において二〇世紀という大量死＝大量生の時代が幕を開いた。世界戦争の経験は一九世紀の文明秩序を破壊し、その楽天的な進歩的精神の息の根をとめ、固有の顔立ちをもつ自立した個人を無機的で無秩序な群衆の集積に変えた。オルテガ・イ・ガセットが『大衆の反逆』で強調しているように、群衆存在は第一次大戦の産物なのだ。

スタンダールやバルザック、トルストイやトーマス・マンが描きだした、反抗する自我と社会の和解や教養主義的自己成長をめざして奮闘する一九世紀的キャラクターの廃墟の上に、ドストエフスキイが先駆的に予見し、フランツ・カフカが正面から凝視したような、不気味なほどに空虚な人間の抜け殻が、未来も自己成長も信じることのない二〇世紀的キャラクターが誕生する。

凡庸であるが故にグロテスクな革命の観念に憑かれる『悪霊』のピョートルや、特権的な死の観念を夢想するキリーロフ。あるいは得体の知れない罪に問われ、煩雑すぎて理解できない裁判にかけられ、最後には犬のように無意味な死をとげる『審判』のヨーゼフ・K。毒虫に変身している自分を発見する『変身』のグレゴール・ザムザ。

大戦後のヨーロッパを襲ったモダニズム＝アヴァンギャルド芸術運動の大波は、フランスのダダイズムとシュルレアリスム、ドイツ表現主義、ロシア・フォルマリズム、イタリアの未来主義など、例外なく一九世紀的な人間観や世界観のラディカルな破壊をめざした。ジェルジ・ルカーチとマルティン・ハイデガーによる左右の二〇世紀哲学もまた、同様に第一次大戦の産物にほかならない。ルカーチはボリシェヴィズムに、ハイデガーはナチズムに荷担した。ナチスドイツとソ連はともに異様に過酷で残忍な二〇世紀国家で、両者が双生児のような絶滅収容所体制を建設した事実はむろん歴史の偶然ではない。

探偵小説形式はそもそも群衆の時代の文学形式として、エドガー・アラン・ポオが発明したものだ。ヴァルター・ベンヤミンは「ボードレールにおける第二帝政期のパリ」で、ポオの短篇「群衆の人」を探偵小説の「レントゲン写真」のようだと指摘している。探偵小説形式の骨格は、ロンドンの雑踏のなかで深夜から早朝まで理由なく他人をつけ廻す男の物語において、すでに提出されていた。「マリー・ロジェの謎」はまさに犯罪の痕跡が、都市群衆の背後に消滅する現代的な事態を主題化している。

フランスで七月王政期から第二帝政期にかけて成長した群衆社会が、全ヨーロッパ的な規模で社会的に完成するのは第一次大戦後のことだ。オルテガが見いだした二〇世紀的な群衆とは、ある意味で塹壕の死者と同型的な存在だった。大量死をとげた戦死者が生者にとり憑き、生者に変態したともいえる。両者はその無意味、その無個性において同質的なのだ。

もはやボロ屑でしかない死者と相似形の、群衆存在と化した人間による自己復権の欲望。

それに応えるものとして、二〇世紀に固有の小説ジャンルとして探偵小説形式は成長していく。とはいえ単純に一九世紀に戻ることなど、だれにも許されてはいない。すでに時代は世界戦争を通過した二〇世紀なのだ。古典近代的な人間概念の解体を試みるダダイズムとシュルレアリスム、フォルマリズムと表現主義の狂乱怒濤の時代に、人間の復権なる時代錯誤的な試みはいかにして可能なのか。

探偵小説は死者に二重の光輪を意図的に授けようとする。機関銃で泥人形さながらに撃ち倒された塹壕の死者とは比較にならないほど、探偵小説の被害者は栄光ある特権的な存在だ。なぜなら犯人は狡知をつくして犯行計画を練りあげ、それを周到に実行するのだから。探偵小説における死者は、大量死をとげた戦場の死者とは異なる固有の死者、意味ある死者、ようするに名前のある死者だ。

しかも犯人が死者に与えた第一の光輪に加えて、さらに探偵は事件の被害者に第二の光輪をもたらす。狡知をつくした犯罪の真相を、探偵が精緻きわまりない推理で暴露する結末において被害者の存在はさらに特権化されるのだから。このようにして、ポオの創造になる「謎－論理的解明」をプロットの骨格とした奇妙な小説形式は、第一次大戦後に到来した群衆の時代に急速に発展するための条件が与えられた。

両大戦間の「危機の二十年」(E・H・カー)のあいだに急成長した探偵小説は、その精神を同時代のモダニズム＝アヴァンギャルド芸術運動と共有する。ボリシェヴィズムとナチズムの時代的な波浪にさらされていた、ワイマール期ドイツを代表する思想家や批評家が、たとえばヴァルター・ベンヤミンやエルンスト・ブロッホやジークフリート・クラカウアーのように、探偵小説形式の現代的な意味を察知したのは当然のことだろう。

しかし探偵小説は、ダダイズムなど大戦間のアヴァンギャルド芸術のように、人間概念の破壊を正面に掲げたものではない。すでに存在しない「人間」なるものに人工的な二重の光輪をもたらすことにおいて、それは瞬間的で虚構的な、しかも劇的な復活を巧妙に演出する。だが、そのようにして復活させられた「人間」とは、探偵小説形式に適合的な、抽象化されたパズルの項でしかない。創ることにおいて壊し、壊すことにおいて創る。探偵小説の戦略的二重性は、ジャック・デリダの脱構築戦略とも通じる二〇世紀的な方法意識の産物にほかならないが、それはポオの方法に起源がある。

探偵小説のジャンル的な確立の起点に位置している『スタイルズの怪事件』には、直接的あるいは外見的な点でも世界戦争の影が濃密だ。作中の田舎町スタイルズは、作者が傷兵病院の看護師をしていたトーキイの郊外をモデルにしている。キャラクターや事件の骨格もまた、大戦下という時代条件を前提として設定されている。

　詳細は次章で論じるが、たとえばワトスン役ヘイスティングズは大陸の戦場で負傷し、治療と休養のために一時帰国を許された兵士だし、探偵役ポワロは戦禍を逃れてイギリスに避難してきたベルギー人だ。ハンナ・アーレントが『全体主義の起原』で強調しているように、第一次大戦は全欧的な規模で大量難民と無国籍者の激増を招いた。難民もまた戦場や絶滅収容所の大量死と同様に、世界戦争の時代がもたらした人間の異様な存在形態にほかならない。最初の二〇世紀的な探偵キャラクターが、第一次大戦の難民だった事実に注目しておこう。

　大戦中に執筆されたクリスティの第一作からは、本格探偵小説の誕生の秘密を読むことができる。クリスティにおいて生じた事態は、前後してデビューしたドロシー・セイヤーズにも、あるいはS・S・ヴァン・ダイン、エラリー・クイーン、ディクスン・カーをはじめとする大戦間の英米探偵小説の巨匠たちの場合にも反復されていく。

　セイヤーズの『誰の死体?』には、クリスティの『スタイルズの怪事件』にもまして世界戦争の影が濃密だ。探偵役のピーター・ウィムジイ卿とワトスン役の従僕ハンターは第一次大戦の復員兵という設定だし、加えてピーター卿は砲弾《シェル》ショックの後遺症に悩まされてもいる。ヒステリーに酷似した症状を示す、第一次大戦の塹壕で大量発生したシェルショックを、ジーグムント・フロイトは「快楽原則の彼方」で、外傷神経症として究明することを試みた。フロイトの分析を前提として、清水多吉は次のように述べていく。

この大戦での両軍将兵の超自我は、いまだ秩序ある家族、古い慣習もほど良く生きている社会、いまだ生活に根づいている教会、それに権威ある国家機構であった。（略）それらの超自我が目の前で木端微塵に破壊されていく。あの四二サンチ砲が一斉に火を吹けば教会も病院も一般家屋もひとたまりもなかった。（略）北フランスから延々と延びたあの塹壕線は、十九世紀どころか中世以来、ヨーロッパ文化・文明が最もよく栄えた地、いうならばヨーロッパの中心地であったのだ。それが一瞬にして崩れて行く。呆然となってしまい、我を忘れてしまい、塹壕の中で立ち尽くし、あるいはうずくまり、督戦隊のピストルによる督戦にも反応しなくなってしまったとしても不思議ではない。

（「第一次大戦と外傷性神経症」）

続いて清水は、「彼ら外傷体験者、神経症罹病者たちの苦しみは、戦争が終わったから終わったわけではない。彼らの胸中では彼らの心を支えてきた価値観がすべて崩れ去った。頭は混乱し、心は空白であった」、「青白く、うつむき加減であり、何を考えているのか外からはうかがいしれない青年たち。やがて、彼らの中から文学、芸術活動に登場する者も出てくる。それらの文学作品は『ロスト・ゼネレーション』(『失われた世代』)の作品群と呼ばれるようになるだろう」とも述べている。

ベルギー人の戦争被災者ポワロにきびすを接して登場した、第二の名探偵ピーター卿とは戦争神経症を病んだアプレゲールだ。しかもピーター卿の探偵行為は、ロスト・ジェネレーションの文学や芸術行為に克明に照応している。「事件に取り組むようになったのも、気晴らしのためでした。戦争が終わってすぐに辛いことがあって、そのせいで塞いでもいましたし」。

ドロシー・セイヤーズの第一作『誰の死体?』でピーター卿は、このように医学者フリークに語る。作者の設定によれば、犯人のフリークは『シェル・ショック治療における心理療法の応用』や『フロイト教授への返書・アミアン後方基地における実験例』などの著書がある戦争神経症の専門家だ。「善悪の区別は、脳細胞のある状態に伴う一現象であることが観察されており、これを取り除くことは可能なのである」と主張する生理学的決定論者フリークは、当然のことながらピーター卿の外傷神経症も「脳に古傷が残されている」結果に過ぎないと診断する。

精神や心理は身体や生理に還元しうるという、機械的唯物論を信奉するところのフリークのキャラクターは典型的に一九世紀的だ。ようするに中年フリークは、コナン・ドイルが造型した「悪の天才」モリアーティ教授の焼き直しに過ぎない。しかし探偵役は、大量死の墓場と化した戦場の塹壕から幽鬼のように彷徨《さまよ》い出てきた二〇世紀青年なのだ。セイヤーズの『誰の死体?』とは、世界戦争をもたらした一九世紀人の「大人」と、世界戦争で精神的に破壊された二〇世紀人の「青年」が、犯人および探偵として死闘を演じるドラマにほかならない。

フリークによる犯行の動機は、傷つけられた自尊心や名誉欲という具合に、いまだ人間性が信じられていた一九世紀に属している。このように動機は平凡だが、しかし犯行計画それ自体には二〇世紀的な倒錯性が見いだされる。フリークは「余分な死体が転がっているだけでは誰も罪に問われぬ」と考える。医学者の特権を利用して入手した屍体を、復讐のため殺害したレヴィの屍体と入れ替えてしまおうというのがフリークの着想なのだ。レヴィの屍体は救貧院で死亡した男として埋葬され、地上から消滅する。救貧院に収容されていた男は犯人の作意の結果、隣家の浴槽で「鼻眼鏡以外は何も着けていな」い屍体として発見される。

正体不明の屍体、名前のない屍体。これが「誰の死体?」であるのか、探偵役は必死で究明しようと努める。たまたま犯行を隠蔽するために利用された屍体、だれのものでもよい匿名の屍体、凡庸で無意味な屍体とは、世界戦争が大量生産した産業廃棄物も同然の無数の屍体を寓意している。「誰の死体?」を執拗に探究する探偵行為は、血みどろの肉屑と化して虚無の淵に消えた戦友たちに人間らしい尊厳を、ようするに固有の名前を回復させようとする、シェルショック患者には逃れることのできない自己回復行為となる。

この闘争にピーター卿は、かろうじて勝利をおさめる。犯人は自殺に失敗し警察に逮捕される。それでも屍体の名前は最後まで明らかにされることがない。作者セイヤーズはアプレゲールの探偵役に共感をよせながらも、人間の復権を求めるピーター卿の試みが、最終的には失敗に終わるだろうことを冷静に暗示してもいる。『誰の死体?』という出発点において、大戦間探偵小説の運命はすでに先取りされていた。

2

第一次大戦後ヨーロッパのモダニズム運動は、世界戦争を正面から通過していない、あるいは無傷で通過したともいえる日本にも、哲学、思想、文学、芸術から新メディアや新テクノロジーと結びついた大衆文化に至るまで多様な形でさかんに輸入された。「ぼんやりした不安」に捉えられた芥川龍之介の自殺が、文学史的には昭和の開幕を告げたとされる。芥川が取り憑かれた「ぼんやりした不安」に、一九三〇年代の日本社会の過渡性を見ることができる。

日本における一九世紀的教養人の代表者であり、その最後の典型でもあった芥川の「不安」は、世界戦争で徹底的に蹂躙された古典近代的な人間精神の危機に由来している。しかも芥川の場合には、なぜかそれが「ぼんやりした」ものと感じられた。理由は明らかだろう。芥川は、そして日本人の全体が海の彼方で起きた大量殺戮戦争を、わが身のものとしては体験していないからだ。

「不安」はハイデガー哲学のキイワードでもある。アンドレ・ブルトンもフィリッポ・トマソ・マリネッティもベルトルト・ブレヒトも、精神的な故郷である一九世紀的な社会秩序が土台から崩壊し、残忍で過酷な未知の時代に放りだされているという不安を感じていたが、その理由は考えるまでもなく明瞭だった。未曾有の殺戮戦争がもたらした衝撃、塹壕戦の大量死、おぞましい無数の死者と同型のものに、あたかもカフカの『変身』の主人公さながらに変貌している自分自身。それらが近代的人間の自明な輪郭を崩し、おぞましい不安をもたらした点にかんしては、あらためて語るまでもない事実だったろう。

当時の日本を代表する西欧派教養人の芥川龍之介だから、大戦後のヨーロッパで生じている異様な事態についての情報は得ていたに違いない。自身の教養のふるさとである古き良きヨーロッパは、もはや存在していない。しかし芥川には時代的な必然性を了解することも、そこからの脱出口を探りあてることも自身には不可能だと感じていた。

仄聞するモダニズム＝アヴァンギャルド芸術運動など、芥川には美と理性の古典的秩序を破壊する蛮人の異様な乱舞さながらに見えた。そんな真似などとてもできそうにない。古典近代的な大正教養人が「ぼんやりした不安」に襲われ、自殺にまで追いつめられた根拠がそこにある。しかし、ヨーロッパの大戦後文化は芥川のような教養人の苦悩とは無関係に、まず大衆文化の回路から大正末期の日本社会に滔々と流入しはじめた。その画期をなしたのが関東大震災だった。

大震災の被害は日本人に、ある意味でヨーロッパにおける第一次大戦の惨禍を、擬似的にしても追体験させた。復興のために舶来の最新テクノロジーが積極的に活用されていく。のちに明智小五郎が住むだろう最新アパートがお茶の水に建設された。電話網が広範に設置され、地上には円タクが走り、空には航空機が飛びはじめた。あるいは新型列車の登場。怪人二十面相が逃走に利用することになる、デパートの屋上のアドバルーン。

横光利一の「特別急行列車は沿線の小駅を石のように黙殺した」という文章に象徴されるような「新感覚」が、相応のリアリティで受容されはじめたのも当然のことだ。映画、ラジオ、写真雑誌。レビュー、社交ダンス、カフェ。これらの大衆文化が猛烈な勢いで普及しはじめる。

大戦後ヨーロッパの思想的および文学的な影響としては、モダニズムに刺激された新感覚派の運動、さらに二〇世紀を体現する政治思想であるボリシェヴィズムの輸入と、プロレタリア文学運動の隆盛がある。探偵小説という二〇世紀的な小説形式もまた、このような背景のもとで日本に導入されていく。

「新青年」が創刊され、英米の大戦間探偵小説の紹介が積極的におこなわれた。江戸川乱歩が「二銭銅貨」でデビューし、日本人作家の創作も徐々に活性化しはじめる。日本に探偵小説の第一の波が到来する前提は、このようにして整えられた。

第一の波が大正末期から昭和初年代にかけて、当時の前衛文学運動としての新感覚派などモダニズム文学、またプロレタリア文学と相互的な影響関係に置かれていた事実を忘れてはならない。それは萩原朔太郎の探偵趣味や、プロレタリア文学の理論家だった平林初之輔の探偵小説論などを参照するまでもなく明らだろう。一九三〇年代には「新青年」誌が、弾圧されたプロレタリア文学者に貴重な発表の場を提供することにもなる。

大正後期から急激な発展をとげた日本の大衆文学の中心ジャンルとして、探偵小説は昭和初年代に圧倒的な影響力を誇るようになる。しかし、「新青年」編集長としてモダニズム路線を確立した横溝正史による、戦後になってからの次のような回想を無視することはできない。

こういうと自己弁護めいてきこえるだろうが、乱歩さんの「二銭銅貨」が現れるまで、日本人には探偵小説の創作はむりであろうと、世間できめてかかっていたように、私にもしこういうスタイルの長編を書く才能があるとしても（もちろん、そんな自信は毛頭なかったが）日本のジャーナリズムにはとてもうけいれられないだろうと、私はかってにきめていた。

（「私の推理小説雑感」）

このように正史が述懐したのは、英米に匹敵する「謎と推理の本格探偵小説」を、ようするに二〇世紀的な探偵小説を到達すべき理想として掲げながら、昭和初年代の第一波の時期には、最後までそれを実現しえなかった自覚があるからだろう。正史が戦前期において、唯一「謎と推理の本格探偵小説」に挑戦した作品と称する『真珠郎』でさえ、乱歩は「論理の部分に甚だ物足りないものがあり、英米のそれとはどこか違った味のあるもの」に過ぎないと評している。

『真珠郎』はクイーンの『エジプト十字架の謎』を下敷きに、「顔のない屍体」トリックを中心として構想された作品だが、その成果にかんしては正史本人が「謎と論理の本格探偵小説としては、はなはだお粗末なもので、私の幼児からもっているおどろおどろしき怪奇趣味だけが、いやに浮きあがった作品」だと否定的な感想を述べている。

しかし問題は横溝正史一人のものではない。「二銭銅貨」で出発し、「純推理もの」あるいは「英米風論理小説」をめざしていた乱歩もまた苦悩に満ちた試行錯誤の結末として、最終的には通俗スリラーの方向に押しやられてしまうからだ。

『真珠郎』や『蜘蛛男』が評価に値しない作品だという結論は、むろん早計だろう。問題は正史や乱歩が自分から、こうした作品を二流と見なした事実にある。「謎と推理の本格探偵小説」あるいは「英米風論理小説」をめざしながら、それに達しえない限界性を示すものとして、作者自身による以上のような否定的評価はなされている。

ドイルのホームズ物語の水準と、乱歩や正史が到達目標として掲げた英米大戦間探偵小説の水準とのあいだには、巨大な精神史的落差がある。今日の観点からは、この事実を見逃すことは到底できない。ドイルの「論理性」は一九世紀的な実証精神に由来しているが、大戦間探偵小説のそれは柄谷行人の「形式化の諸問題」を前提として法月綸太郎が指摘するように、根底に空虚を抱え込んだ二〇世紀精神の産物にほかならないからだ。

クイーンの形式主義はもともとヴァン・ダインに由来している。「探偵小説の二十則」や、『グリーン家殺人事件』の九十八項目の事実の目録の扱いに顕著な形式化への意図は、ヒルベルトの公式主義やロシア・フォルマリズム運動と同一の心性を有していると思われる。しかし、彼自身は実作においてこうした形式化を徹底できず、それをなしとげたのは、彼の著しい影響下に出発した「後発者」クイーンにほかならなかった。

（「笠井潔論【大量死と密室】」）

ようするに乱歩は、そして正史もまた大戦間に英米で発展をとげた「謎と推理の本格探偵小説」あるいは「英米風論理小説」の根拠と意味を、正確には把握しえていなかった。一九世紀的な実証的論理性と、その廃墟から生まれた二〇世紀の「形式化」の根本的な相違、むしろ原理的対立の意義を理解しそこねている。しかしこうした限界性は、なにも第一の波に属する、日本の探偵小説作家にのみ見られるわけではない。

新感覚派の横光利一が『旅愁』に、プロレタリア文学派の島木健作が『生活の探求』に逢着した事実と比較して、皮膚感覚的なモダニズムを第二次大戦中も保持しえた探偵小説作家は、乱歩や正史をはじめ決して例外的な存在ではない。大戦後ヨーロッパの哲学思想や芸術運動の意味を、主流文学の作家で同時代的に受容しえたのは、おそらく稲垣足穂と中野重治の両名に尽きる。年少世代を含めても、それに坂口安吾や花田清輝というところだろう。

一九三〇年代のモダニストやプロレタリア作家の大量転向現象は、これまで吉本隆明の

「転向論」をはじめ、主として移植観念の表層性や日本社会の前近代性との関連で論じられてきた。しかし、これらの知識人が伝統や民衆という前近代的なシンボルに屈服し、日本回帰に帰結した最大の根拠は、第一次大戦を経験しないまま世界戦争の衝撃から生じたヨーロッパの戦後文化を受容した点にある。この点は吉本転向論の無視できない欠落だ。

大戦間探偵小説における論理性の現代的な質を把握しえない結果として、この時期、問題は論理性一般と「おどろおどろしき怪奇趣味」(一般には「変格」性と呼ばれている)との不整合、あるいは前者が後者に引きずられ、それに解体されてしまう日本的特殊性の主題においてもっぱら論じられることになる。

この事実を典型的に示しているのが、昭和十年前後の本格論争だろう。英米の大戦間探偵小説は、この論争において「本格」なるカテゴリーで呼ばれることになる。「本格」カテゴリーは、本格探偵小説、本格推理小説、本格ミステリ、等々として今日に至るまで広範に使用されている。

本格論争において、英米の大戦間探偵小説の二〇世紀的な意味を察知し、それが従来「探偵小説」として曖昧に一括されてきたドイルやルブランの作品とは、質的に異なることを主張した論者が浜尾四郎だ。この点にかんして浜尾は、次のように述べている。

探偵小説プロパアは近代にあつてはポーに端を発し、種々の人々の手を経てドイルの手に渡つた。ドイルが『スタデイ・イン・スカーレツト』のスタートは寔にめざましきものがあり、次いで彼のシヤーロツク・ホームズ物に於いて殆ど完成の域に達してしまつた。巨峰ドイルをめぐつてフリーマン、クリステイー、ドウーゼ等といふ作家が等しくこの本道を辿つて来たが、ヴアン・ダイン出るに及んでドイルに比すべきアルプが出現した。実に彼はそのペダントリーに不拘、雲にそびゆる最高峰であつて彼は餘りにも完全に探偵小説を雲の上まで引きあげてしまつた。(略)換言すれば、ヴアン・ダインの出現の結果は、探偵小説本道が餘りにもはつきりと指示されてもはや他の道を探す餘地がなくなつてしまつたのである。

(「探偵小説を中心として」)

ヴァン・ダインに傾倒して、『グリーン家殺人事件』を下敷きに大作『殺人鬼』を書いた浜尾ならではの多少とも一面的な発言だが、探偵小説における一九世紀的＝ドイル的水準と二〇世紀的＝ヴァン・ダイン的水準の落差は、明瞭なものとして自覚されている。

浜尾によれば「A犯罪の発見——B被疑者の拘引(この被疑者は必ずしも一人とは限らな

い）――C名探偵の登場――D非常に理論的な推理に基づく捜査開始――E最後にその結果として真犯人暴露」という「公式」の確立が、探偵小説形式におけるヴァン・ダイン的水準の画期的な意味である。大戦間探偵小説の極端な公式主義に着目した点では妥当な見解といえる。しかし浜尾の場合でも、「二十則」に体現されるような公式主義がなぜ、大戦間において確立されえたのかは思考の埒外に放置されている。

浜尾四郎とも観点を共有する甲賀三郎が本格論争の一方の旗頭となる。甲賀によれば、探偵小説を自称する作品のほとんどが厳密には探偵小説とはいえない。「私が探偵小説の名から排斥しようというのは、所謂変格探偵小説として、探偵は勿論犯罪らしきものさえないものをいう」（「探偵小説講話」）と批判した甲賀に、海野十三が「凡そ探偵趣味の入っているものは全部これを探偵小説の名で呼んでいいのではないかと考える」、「私はわが国の探偵小説に変格の多いことをそんなに慨いてはいない。むしろ変格の多いという事に探偵小説の将来性を認めている」（「探偵小説管見」）と反論した。

本格論争における本格派の立場が、英米における大戦間探偵小説を前提としていることは疑いえない。甲賀の背後にはヴァン・ダインを最右翼とする公式主義者、あるいは「純粋主義者」（フレイドン・ホヴェイダ）が位置している。では、「探偵趣味」を掲げる変格派の主張はなにを意味していたのか。

　戦前の変格作品を特徴づけるものとして、しばしば猟奇趣味、変態心理、耽美、怪奇、煽情性、残虐性などの評語が用いられる。それらは探偵小説形式の発明者でもあるポオの、作家的な二面性からも理解できるだろう。一八世紀イギリスの家庭小説に典型的である、古典的な近代小説の枠に回収されえないポオ作品の過剰性は第一に中世的な神秘趣味、第二に群衆都市の神秘化という二つの面をもつ。

　前者は、ホレス・ウォルポールの『オトラント城綺譚』を源流とするゴシック小説、イギリスやドイツのロマン主義文学とも通底する中世趣味と無関係ではない。しかしシャルル・ボードレールのモデルニテ概念に継承される後者は、ポオによる独創の産物だ。ポオは近代の郡衆都市の現実に、古城や沼地に漂う霧、病んだ美女や妖精と魔物などゴシック的怪奇趣味の逆説的な復活の可能性を見た。ほとんど怪奇小説のスタイルで語られる「モルグ街の殺人」が、まさに群衆都市を背景とした探偵小説である点からもそれは明らかだろう。

　曖昧に「探偵趣味」と呼ばれていた傾向には、つまるところ以上の二点が含まれている。そうした探偵趣味は、萩原朔太郎や谷崎潤一郎や佐藤春夫にも見いだされる。変格派は一方で、時代的に失われたゴシック趣味（日本の場合、それは鏡花や谷崎風の耽美趣味、怪奇趣味になる）を、他方で現代的な群衆都市の神話性を文学的想像力の源泉として擁護した。

しかしポオ以来この二面性を、一九世紀的な探偵小説は偏愛してきた。留置場を出されたピエロが帰還するパリの館（『ルコック探偵』）、あるいは深夜のロンドンを徘徊するインド人の暗殺者（『月長石』）、等々。実証精神の権化である探偵ホームズの物語にさえ、冒頭の怪奇性は結末の合理性と均衡する形で、「黄色い顔」や「まだらの紐」など多くの作品に意図的なものとして導入されている。

ゴシック趣味の人工的な陰影を欠いた、ある意味では平明で透過的な探偵小説空間は、クリスティとセイヤーズによって創造された。ゴシック小説的な設定を効果的に利用した、『そして誰もいなくなった』のような例外的作品はあるにせよ、概してクリスティ作品にはドイルのような怪奇趣味は見られない。それはF・W・クロフツ、アントニイ・バークリーなど大戦間のイギリス作家に共通する個性といえる。プロパー作家ではないが、『トレント最後の事件』のE・C・ベントリーや『赤い館の秘密』のA・A・ミルンも同様だ。

ゴシック趣味など旧来の探偵小説の雰囲気を意図的に削除した、乱歩や正史が理解したところの「謎解き一本槍」の「英米風論理小説」とは、実際のところ大戦間イギリス探偵小説の個性なのだ。一八世紀末から一九世紀前半にかけて流行したロマン主義的な想像力を、第一次大戦の惨禍は回復不可能なまでに破壊した。たとえばヴァン・ダインは、ウィラード・ハンティントン・ライトの本名で公表されたエッセイ「探偵小説論」で次のように書いている。

探偵小説はふつうの意味での「小説」の項目に当てはまるものではなく、むしろ「なぞなぞ」の範疇に属するものである。つまりパズル、小説の形をした、複雑化し拡大されたパズルなのである。その広汎な人気とおもしろみは、根本的には、クロスワード・パズルに人気とおもしろみをもたらすものと同じ要因から来るものである。実際、クロスワード・パズルの構造とメカニズムは、探偵小説のそれと非常によく似ている。どちらにも、まず解くべき問題があり、その解決は全面的に頭脳の作用——すなわち分析したり、一見無関係な各部分を組み合わせたり、諸要素をよく認識したり、またある程度、当てずっぽうに推測したりすること——に依存する。どちらにも、解き手の手引きになるような一連の錯綜した手がかりが与えてあって、その手がかりはうまく正しい場所に当てはめれば、その先の進行の道しるべとなってくれる。どちらの場合も、最後の一点まで解決してみると、すべての細部がたくみに織りこまれて、互いに関連し、綿密にからみ合った一枚の完全な布地になっていることがわかるのである。

探偵小説＝パズル論に帰結したヴァン・ダインの形式主義は、最初にイギリスで生じた大戦間探偵小説を、一九世紀的な芸術概念から切断しようとするラディカルな意思に由来している。独創的とはいえない芸術批評家ライトが、どこまで理論的に対象化しえたかには疑問があるとしても、個性的な探偵小説作家ヴァン・ダインにとってそれは自明の認識であったに違いない。あえて探偵小説は「小説」ではない、「パズル」に過ぎないと断定したとき、その脳裏には人間が無意味で無個性的なモノにまで還元されてしまう塹壕戦の、二〇世紀的に過酷な経験が深刻な影を落としていたろう。

ヴァン・ダインの探偵小説＝パズル論は、イギリス探偵小説の実験をアメリカにおいて理論化したものといえる。しかしヴァン・ダインの実作それ自体は、しだいに形式主義的な探偵小説概念を裏切っていく。

「スペインの城《シャトー・アン・ネスパーニュ》」（フランス語で「蜃気楼」の意）という比喩で探偵小説におけるゴシック趣味を表現し、それを全面的に否定したヴァン・ダインは、『ベンスン殺人事件』や『カナリヤ殺人事件』など、現実の犯罪事件をモデルにしたリアリズム風の作品で出発した。しかし『グリーン家殺人事件』のグリーン邸や『僧正殺人事件』のマザーグース童謡という具合に、しだいにゴシック小説風の背景や雰囲気を作中に導入しはじめる。

このような逆転は、イギリスとアメリカの第一次大戦経験の落差に由来する。本国を戦場としたフランス、ドイツ、ロシア、イタリアなど大陸諸国では前衛的なモダニズム芸術運動として展開されたものが、戦場とは海峡を隔てたイギリスでは、二〇世紀的な探偵小説運動となる。

さらに英仏海峡と大西洋の心理的距離がイギリスとアメリカにおいて、大戦経験の無視しえない落差をもたらした。大戦間のイギリス探偵小説とアメリカ探偵小説の、たとえばゴシック趣味にたいする態度の著しい相違は、こうした事実の必然的な結果だろう。ヴァン・ダインは、そして初期エラリー・クイーンもまた、一九世紀的な探偵趣味を導入することにおいて逆説的に、かろうじて二〇世紀的な探偵小説作品を実現しえた。ヴァン・ダイン理論を愚直に受けとめた日本の本格論者は、ヴァン・ダイン作品における変格的要素を見落とし、結果としてイギリス探偵小説とアメリカ探偵小説の質的相違の意味するところを見逃した。

また、変格論者は二〇世紀探偵小説における形式主義的探求の必然性を無視し、塹壕の殺戮戦と大量死で命脈を絶たれたロマン主義的想像力に反動的に固執していたに過ぎない。このような本格論争のなかに、昭和初年代における日本の時代精神の過渡性を見ることができる。

江戸川乱歩を先駆者として、横溝正史、甲賀三郎、大下宇陀児、浜尾四郎、小酒井不木、水谷準などを輩出した日本探偵小説の第一の波は、夢野久作『ドグラ・マグラ』と小栗虫太郎『黒死館殺人事件』が相次いで刊行された昭和十年前後に頂点を迎える。戦前の日本探偵小説の限界を突破する偉業は、この両作において達成された。イギリスからアメリカに二〇世紀探偵小説が移植されたときに生じた質的変化については、すでに述べた通りだ。しかしアメリカでさえ大戦中には、ジョン・スタインベックが『エデンの東』で描いているような出征風景が日常的に見られた。第一次大戦における戦死者数も日本とは比較にならない。

そのアメリカから西に、さらに太平洋を隔てた日本において二〇世紀探偵小説の質を実現する道は存在しうるのか。ヴァン・ダインとクイーンが考案した方法を徹底化する以外に、可能性は存在しえないだろう。ゴシック趣味と怪奇趣味など変格的要素の過剰なまでの導入として、夢野と小栗はまさにそれを実行したのだといえる。両作の同時代的な評価はかならずしも高くない。二〇世紀アメリカ探偵小説の二重性を見逃した本格論者は、両作に見られる変格性やゴシック的装飾に反感を抱いたろうし、「おどろおどろしき怪奇趣味」の穏当な枠から逸脱する過剰性に変格論者もまた辟易したに違いない。対立した両派のいずれからも理解を絶する異物として排除されたところに、『ドグラ・マグラ』および『黒死館殺人事件』の時代に先駆けた栄光がある。

夢野と小栗の壮大な実験は、二〇世紀探偵小説の逆説的な運動論理をもひそかに暗示している。探偵小説の形式主義的な徹底追求は、その極点で自己崩壊に直面する。そして崩壊直前の一瞬に、世界を裏返しにするような異形の虚構空間が、グロテスクな反世界が出現する。

太平洋の彼方で後期エラリー・クイーンもまた、形式主義の自己解体という必然性を極点まで追求することになる。形式主義の自己解体や「アンチ・ミステリー」（中井英夫）とも呼ばれる地平において、探偵小説は二〇世紀文学と根底を共有し、二〇世紀文学の不可欠の一翼としてアガサ・クリスティやドロシー・セイヤーズ以降の二〇世紀探偵小説は存在してきた。

II 探偵小説と二〇世紀精神

1

純文学の衰退という危機感から、たとえば大江健三郎は次のように語っている。「日本文学は、いま崩壊しつつあるのではないか?」、「さて日本の『純文学』の一九八〇年代後半の現状は、どのようであるか? 知的な流行に敏感な若い知識人たちから、『純文学』は死んだ、あるいは瀕死の状態にある、ジャーナリズムのかたすみに景気の悪い生存者の活動があるにしても、それらは早晩自然消滅するであろうともくされている」(「戦後文学から新しい文化の理論を通過して」)。

大江が想定している純文学とは、大岡昇平、野間宏、武田泰淳、埴谷雄高などによる戦後文学において歴史的な頂点をきわめたジャンルだ。「それは一九四五年のヒロシマ・ナガサキを経験しての、太平洋戦争による敗北の直後からはじまった文学の新しい現象」であり、明治時代に北村透谷が主張した純文学なる領域において、「その確実な成果がはじめて見られたのが、戦後文学だった、ということができる」。

第二次大戦後の日本探偵小説を論じるのに、大江健三郎が危機感をもって語る純文学衰退論について、最初にとりあげたのには理由がある。『探偵小説論Ⅲ』で検討したように、日本の戦後探偵小説は大江のいわゆる「戦後文学＝純文学」と近接した地点から出発したと考えうるからだ。総合の要求あるいは相互否定、また結果的に生じた補完性などその関係は決して単純ではないが、少なくとも両者の展開や成長の過程にある種の並行性を見出すのは容易だ。

一方に「『純文学』は死んだ、あるいは瀕死の状態にある」という悲痛な声が存在している。そして他方、探偵小説は未曾有の繁栄を誇っているようだ。数ある大衆小説誌や中間小説誌は、誌面のほとんどを広義の探偵小説であるミステリ作品に占拠されているし、週間ベストセラーリストの上位には、トラベルミステリやユーモアミステリが顔をならべている。しかし、このような対照から純文学の敗北と大衆文学の勝利なる結論を導きうるだろうか。

純文学の危機が大衆文学との勢力比率の減少としてよりも、そうした二項対立を支えてきた基盤それ自体の解体としてあるのだとしたら、純文学の衰退は探偵小説に代表される大衆文学の勝利を意味するよりも、その衰退をも必然化するのではないか。

言葉としては明治期から語られていたにせよ、純文学なるジャンルが確立されたのは、おそらく芥川龍之介の死を象徴的な起点とする昭和文学においてだろう。それ以前には、明治の硯友社や自然主義の時代から「文壇」と呼ばれるような世界が曖昧に存在していたに過ぎない。芥川と菊池寛の分岐のなかに、勃興しつつある大衆文学に対峙し、それと自己区別し、執拗にアイデンティティの確立を求めた純文学の歴史的な成立過程を見出すことができる。昭和十（一九三五）年の芥川賞および直木賞の創設は、最終的な分離が完了した両ジャンルを、あらためて制度化したものと理解できる。

純文学を成立させた直接の圧力は、大正後期における大衆文学の自立と、その直後からの猛然たる普及だった。芥川自殺の前年である大正十五（一九二六）年には、白井喬二が主宰する「二十一日会」から「大衆文芸」が創刊されている。中心メンバーは江戸川乱歩、国枝史郎、小酒井不木、直木三十五、長谷川伸など。大衆という言葉それ自体が、白井によって造語されたものだという。

その誌名を離れて「大衆文芸」なる言葉は、勃興する新ジャンルの普遍的な名称として流通するようになる。「大衆文芸」創刊の年には、早くも「中央公論」が大特集「大衆文芸研究」を掲載しているほどだ。以上のように大正後期に確立された大衆文学ジャンルについて、鶴見俊輔は次のように述べている。

明治の中頃、二葉亭によって近代文学が日本で始まった時、当時の青年たちは、欧州の近代文学を手本として、新しい小説を作って日本の大衆に送った。文学とはこんなものかと、大衆は思って一応それを読んでいたのであるが、いかんせん、西洋の近代文学の表現形式は、日本の大衆の耳目にぴったり合わないのであった。日本の大衆の感覚の上では、欧州の表現に対する受け入れ体制が、できていなかったのである。どうも、しっくりしない。その隙間につけこんで、大衆小説があらわれ、歌舞伎、講談、浪花節などと同じ表現形式を引きつぎつつ、その昔ながらの形式の中で、現代の問題と現代の感情を記述することを始めた。これが日本の大衆にはぴったり来たのであって、それ以来日本人は、よっぽどひまと忍耐力のある人でないと純文学なるものを読まなくなってしまい、もっぱらキングや主婦之友所載の大衆小説だけを読むようになったのであった。

（『大衆文学論』）

たとえば筑摩叢書の『明治文学史』（中村光夫）には、二葉亭四迷の『浮雲』や坪内逍遙『小説神髄』と同格で、尾崎紅葉『金色夜叉』や徳冨蘆花『不如帰』が扱われている。明治期において社会的な大成功をおさめた『金色夜叉』や『不如帰』だが、それは鶴見によれば、「文学とはこんなものかと、大衆は思って一応それを読んでいた」結果に過ぎない。明治期に紅葉や蘆花に社会的な成功をもたらした読者は、大正後期になると新たに発明された大衆文学ジャンルに吸引されていく。ところが『昭和文学史』（平野謙）では、社会的に成功した人気作家として紅葉や蘆花の正統的な後継者として評価されるだろう白井喬二も国枝史郎も、本文にはもちろんのこと巻末年譜にさえ登場しない。

かつて『不如帰』に熱狂した読者も、大正後期以降は「もっぱらキングや主婦之友所載の大衆小説だけを読むようになった」のであり、それを前提にするなら『明治文学史』の記述を引き継ぐべき立場の『昭和文学史』の構成は一面的という以外にない。平野の一面的な方法はさらに徹底している。たとえば平林初之輔の場合、「吾が国小説界の現状を論ず」はとりあげられても、平林の仕事でプロレタリア文学論と同等の比重をなしている探偵小説論の代表作「日本の近代的探偵小説」については、年譜にさえ記載されていない。

ある作家や批評家の人格的統一性を破壊し分断してまで、平野は昭和文学史から大衆文学を追放した。『大菩薩峠』の愛読者であり探偵小説ファンとしても知られる平野が、大衆文学について無知であったとは考えられない。昭和文学史を構想するに際して平野は、意図的に記述から大衆文学領域を排除し、それを純文学史として一面化する以外に可能な方法はありえないと断念したのだろう。以上の経緯は平野の文学観において、純文学と大衆文学の分離がすでに揺るぎないものとして完了していた事実を示すものだ。とはいえ昭和三十年代の平野は、松本清張の社会派ミステリーに純文学と大衆文学を統合する可能性を見るようになる。

鶴見俊輔は大衆文学を定義して、「歌舞伎、講談、浪花節などと同じ表現形式を引きつぎつつ、その昔ながらの形式の中で、現代の問題と現代の感情を記述する」ジャンルだとしていた。なかでも大正後期の大衆文学の成立過程に、決定的な影響を与えたのは講談だった。博文館や講談社などから続々と講談雑誌が創刊されたのは、明治末期から大正初期にかけてのことだ。文章化された講談は当時の読者に圧倒的な人気を博した。

講談筆記の雑誌掲載は、その人気に脅威を感じはじめた講釈師の拒否にあうに至る。「講談雑誌」や「講談倶楽部」などの雑誌はその空白を埋めるものとして、はじめから文章で書かれた創作講談を掲載するようになり、ここから「新講談」なるジャンルが生じた。さらに「新講談」から、新しいタイプの小説ジャンルが形成されはじめる。こうして大衆文学は誕生した。この経緯を菊池寛は、先に言及した「中央公論」の「大衆文芸研究」特集の寄稿文で次のように述べている。

最近、文芸読書界に於て目ざましい現象は、大衆文芸擡頭であるというよりも、むしろ創生であり、発生である。その文芸的原因は二つあるだろう。一は創作の平板化したことである。純粋な創作が殆ど興味を排斥していることである。私小説的傾向が多くなって、小説に小説らしい事件が何もなくなった為である。（略）普通一般の読者は、常に芸術と共に慰楽を求めているものだ。純粋な文芸から殆ど慰楽を求められなくなったとき、読者は自然に大衆文芸なるものを要求したといってもよいのである。

（「大衆文芸と新聞小説」）

以上のように菊池が書いたとき、立場は対極的であれ『昭和文学史』の平野謙と同様に、純文学と大衆文学の二項対立は疑いえない前提と化していた。大正後期に形成された大衆文学は、円本ブームを生んだ改造社の「現代日本文学全集」に企画として対抗する、平凡社の「現代大衆文学全集」の刊行に至った。この全集の昭和二（一九二七）年五月の第一回配本は、「白井喬二集・新撰組」だった。

以後五年にわたって配本され全六十巻で完結した「現代大衆文学全集」には、江戸川乱歩『一寸法師』、国枝史郎『蔦葛木曾桟』、吉川英治『鳴門秘帖』、岡本綺堂『半七捕物帳』、林不忘『新版大岡政談』、野村胡堂『身代り紋三』などが収録されている。その意義について尾崎秀樹は、「白井喬二ら大衆作家にとっても、この全集は大衆文学を社会的に定着させる一大運動だった。そのことを自覚したからこそ、白井たちも積極的に協力したわけだ。そして五年の歳月を費して完成したときには、大衆文学という名称は一般化し、大衆作家たちの地位もまた大きくあらたまっていた」、「『現代大衆文学全集』の刊行は、当時の大衆作家地図を反映すると同時に、大衆文学史の上でもひとつのエポックを画する企画だった」(『大衆文学の歴史』)と述べている。

以前から博文館は、講談筆記で人気を集めた「講談雑誌」、押川春浪を代表作家とする「冒険世界」、岡本綺堂の『半七捕物帳』が連載された「文芸倶楽部」等々の大衆小説誌を刊行していたが、以上の文脈で無視できないのが、大正九(一九二〇)年に森下雨村によって創刊された「新青年」だ。

「興味を中心に有益な青年雑誌」を目指した「新青年」は、次第に欧米の探偵小説の翻訳紹介に力を入れるようになり、さらに『恐ろしき四月馬鹿《エイプリル・フール》』(大正十年)の横溝正史、『二銭銅貨』（大正十二年）の江戸川乱歩など、探偵小説作家を目指す有力新人を輩出していく。

大正後期から昭和初期にかけての大衆文学の成立史には、菊池寛を筆頭に白井喬二、大仏次郎、吉川英治、等々の有力作家の名前も忘れることはできないし、ジャンルとしても風俗小説、少女小説、捕物帳、時代小説、冒険小説、伝奇小説など多様だが、その渦心に位置していたのはモダニズム雑誌に変貌した「新青年」であり、「新青年」の成功と切り離せない関係にあった探偵小説の大流行だった。「新青年」の人気に刺激されて次々に探偵小説専門誌が刊行され、博文館の「探偵傑作叢書」全五十巻をはじめ探偵小説全集の刊行も相次いだ。

探偵小説を中心とする大衆文学の自立化と急速な普及という新事態が、純文学というジャンル意識の成立を強いた。この前後関係は歴然としている。関東大震災後に活発化する大衆文学の形成が、それと自己区別するものとして純文学のジャンル意識をもたらした。その衰亡について大江健三郎が憂慮している純文学なるものは、以上のような経緯において生じている。

誕生したばかりの純文学は、平野謙の整理によれば「私小説に代表される既成リアリズム文学と新感覚派から新心理主義にいたるいわゆるモダニズム文学とプロレタリアートの解放を念願するマルクス主義文学」の「三派鼎立」(『昭和文学史』)の時期を迎える。そして新興二派のいずれもが探偵小説など「大衆文学」の存在を過剰に意識していた事実には、当然とはいえ興味深いものがある。プロレタリア文学派としては、「探偵趣味」の同人であり、日本で最初にS・S・ヴァン・ダイン『グリーン家殺人事件』を訳出した翻訳家であり、「新青年」に探偵小説や評論を寄稿してもいる平林初之輔。新感覚派としては「純粋小説論」を発表した横光利一が、純文学と大衆文学の接点を代表していたといえる。

横光の「純粋小説論」(昭和十年)は、「純文学にして通俗小説」なる文学理念を提起して反響を呼んだ。大衆文学を外部に押し出すことにおいてのみ、かろうじて自己確立を遂げえた純文学は、その直後から大衆文学との再結合を夢想することになる。私見によれば横光利一の「純粋小説」の理念は、同年に刊行された夢野久作の『ドグラ・マグラ』において基本的に達成されている。もちろん夢野は、分裂した二つのジャンルを「結合」したり「総合」したりする方法的な意図で、あの大作を書いたとはいえない。たんに探偵小説の可能性を極点まで追究した結果として、横光自身には実現しえないままに終わった夢想を実現なしえたのだ。

横光と似たような論は、やはり昭和十年前後に探偵小説のサイドからも提唱された。甲賀三郎や木々高太郎による「芸術論争」がそれだ。しかし探偵小説＝芸術論であれ、それに対抗する論であれ、両者とも固有の時代的な制約のなかにあり、それは現在の視点からは歴然としている。先に引用した菊池寛の「大衆文芸と新聞小説」では、「芸術」と「慰安」の概念が無前提に対立させられていたが、こうした二項対立に普遍的な根拠はない。それは大正後期から昭和初期にかけて先鋭化した、日本文学の分裂状態によって強いられた時代的な対項意識に過ぎない。

最初の近代小説が『ドン・キホーテ』であるにせよ、『パミラ』であるにせよ、いずれにしても「娯楽」のために書かれた作品だ。一八、一九世紀のイギリス小説は、市民社会に照応するものとしての市民小説であり、それが本来の近代小説といえる。市民小説を批判して生じたのがロマン主義文学であり、そこにおいてようやく「魂の真実の探究」という主題が提起された。市民の娯楽のために供される読み物の凡庸さを攻撃して、ロマン主義者はシリアスな文学を求めたのだが、その間の事情もまた単純ではない。

ロマン主義的な「魂の真実」とは、騎士道物語の主人公が探し求める聖杯の近代的形態なのであり、そのことはホフマンもノヴァーリスも充分に承知していた。またロマン主義文学から、一九世紀以降の大衆文学の諸ジャンルが分化したという歴史的事実がある。冒険小説、怪奇小説、探偵小説、そしてSF小説。市民小説の通俗性を批判して、シリアスな文学であることを目指したロマン主義文学は、騎士道物語の娯楽性と大衆文学のそれとに挟み込まれているのだし、さらに付言すれば、ロマン主義文学の傑作はどれも娯楽作品として充分以上に楽しめる種類のものだ。
バルザックやディケンズやドストエフスキイは、ロマン主義的な「魂の真実」を、ふたたび市民小説が目指した方向に反転させた。彼らが大衆的な新聞小説作家として活動した事実も、このことを物語っている。しかし誰が『従妹ベット』や『カラマーゾフの兄弟』を、たんなる娯楽小説に過ぎないといえるだろう。文学性と娯楽性の関係は、近代文学史において以上のように錯綜しているのであり、あれかこれかという類の単純化は不可能だ。もちろん「認められない天才」は、西欧文学史にも見出すことができる。それについてコルネリュウス・カストリアディスは次のように指摘している。

「認められない天才」は十九世紀末の産物です。それが生まれたのは、ブルジョアジーの上昇や、民衆の（しかも急激に破壊された）文化と、もったいぶった芸術というブルジョア文化である、支配的な文化との分離、によってです。その結果は、前衛という現象の、「偶然に」ではなく必然的に「理解されない」芸術家の、史上はじめての出現です。なぜなら、芸術家は当時、ブルジョアたちと第三共和政によって買われ、公的でもったいぶった芸術家になるか、自分の天才にしたがい、そういうことが起こりうるものなら、二束三文でいくらかの絵を、という板ばさみにあっていたのでした。それから、「前衛」の周知の堕落がはじまります。考慮すべき唯一のことが、「ブルジョアをアッといわせる」ことになった時に、です。

（「共産主義崩壊後の世界」）

近代文学をトータルに把握しようとする視点には、ようするに娯楽と文学、娯楽と芸術の二項対立など存在する余地はない。探偵小説＝芸術論は、以上のような観点を欠いている点において表面的かつ通俗的といわざるをえない。横光の純粋小説論も、そして木々高太郎の探偵小説＝芸術論も、時代的に生じたジャンルの分化を先験的なものと見なし、両項の機械的な和算を企てる一面性において共通するものがある。

ところで中村真一郎は、戦後文学の中心的なモチーフを「本格小説」の追究だとした上で、次のように指摘している。

私は、明治以後の文学の歴史を、西欧文学の移入による、新文学の樹立と考える。この立場からすると、小説においては、フィクションによるロマン形式の、日本流の成熟ということが、中心的な問題となる。従って、私小説流の発想の作品の多くは、傍流となる。明治時代においては、徳冨蘆花の『黒潮』とか、小栗風葉の『青春』とか、大正時代においては、生田春月の『相寄る魂』とか、昭和に入ってからは、片岡鉄兵の一連の通俗小説とかが、この筋の引き方では、重要な作品だということになる。

私小説的な個人倫理偏重の立場からすれば、風葉や春月の作品は、単に低劣な作品であって、問題にもならないが、私は日本における本格小説の樹立の歴史においては、花袋の『蒲団』のようなものよりも、これらの一連の通俗小説の方が、意味があると思う。

(『戦後文学の回想』)

ところで大江は、「純文学」史においてプラトー的な存在として評価される戦後文学の背景を、先に引用した評論で次のように述べている。「戦後文学者は、太平洋戦争の敗戦から二、三年のうちにそれぞれ作品を発表しはじめた作家たちです。かれらは戦前・戦中のファシズムの時代に、苦しい沈黙をしいられながら、それによって高まる内圧をバネとして、知識人としての自己を形成していた人々でした。戦中・戦時、表現のはけ口を押さえこまれた状態で知的訓練を積み、戦場やファシズム統制下の国内で批判的な精神をいだいて現実を生きた知識人たち。かれらが敗戦後、表現の自由を獲得していっせいに始めた文学活動が、戦後文学であったのです」。

こうした背景から戦後文学は、大江によれば「アジアにおいて侵略的でない生き方を日本人が模索」し、あるいは「ヒロシマ・ナガサキの原爆の経験から、どう再生するか」を探求することから、「絶対的な権力として神格化されていた天皇制を相対化」する主題性を析出するに至るのだが、その形式面について語られたものとして、徳冨蘆花や片岡鉄兵の「通俗小説」、横光利一と堀辰雄、そして戦後文学なる系譜を辿ろうとする中村の本格小説論があるといえるだろう。

中村真一郎の本格小説、あるいは野間宏による全体小説の構想は、『ドグラ・マグラ』において奇跡のように一瞬かろうじて実現された境位を、あらためて再現しようと努める企てだった。しかし戦後文学における本格小説、あるいは全体小説の試みは失敗に終わった。大江健三郎が危惧する純文学衰亡の危険性とは、戦後文学的な主題性が一九八〇年代以降の日本社会の全般的な「保守化・右傾化」の結果、いまや危機に瀕しているという事態にのみ関わるものではない。それはたぶん、形式面としての本格小説や全体小説の理念の致命的な危機としても同様に突きつけられている。

かつて『ドグラ・マグラ』において、一瞬の実現をみた横光利一や木々高太郎の夢想。しかし戦後の出発点において見られた純文学と大衆文学の分断は、半世紀もの時代を経過して現在におよんでいる。いわゆる純文学と、探偵小説を中心にした大衆文学が一九二〇年代の日本で、そもそも双生児として生誕したのである以上、一方の危機は同時に他方の危機としても予感されざるをえない。

純文学と大衆文学の制度的な区分を無化しうる可能性については、夢野久作の『ドグラ・マグラ』をはじめ、小栗虫太郎や久生十蘭や江戸川乱歩の代表作を論じた『物語のウロボロス』で具体的な視点は提出しえている。純文学と切断された大衆文学とりわけ探偵小説は、戦後どのような遍歴を辿りつつ現在に及んでいるのか。

2

前節では日本の近代文学の文脈に即して、一九二〇年代に確立された大衆文学、あるいは探偵小説なるジャンルのアウトラインを描いた。戦後探偵小説の出発点として、たとえば横溝正史の『本陣殺人事件』を論じるためには、さらに前提的な考察が求められている。『本陣殺人事件』は、江戸川乱歩に「これは戦後最初の推理長編小説というだけではなく、横溝君としても処女作以来はじめての純推理ものであり、又日本の探偵小説界でも二、三の例外的作品を除いて、殆ど最初の英米風論理小説であ」（「『本陣殺人事件』を評す」）ると絶賛された。乱歩のいわゆる「純推理もの」とは、「英米風論理小説」とは何を意味しているのだろうか。

乱歩の見解と交差するような発言が正史自身にもある。「あとから思えば、当時（正史が「新青年」の編集者として活動した昭和初期――引用者註）すでに探偵小説の本場ともいうべき、イギリスの探偵文壇の主流は、江戸川乱歩さんがかしこくも指摘したとおり、『シャーロック・ホームズの短篇の長篇化』であるところの、謎解き一本槍、すなわち謎と推理の本格探偵小説によって占められており、それがそろそろアメリカへも移行しかけていた、まことに重大な時期だったのである」（「私の推理小説雑感」）。

乱歩が「純推理もの」、「英米風論理小説」と語るところを正史は、「謎解き一本槍、すなわち謎と推理の本格探偵小説」と呼んでいる。そうしたタイプの探偵小説は、ついに戦前日本では書かれないままに終わり、戦後になって『本陣殺人事件』で、はじめて実現されたという文脈になる。

正史のいわゆる「謎と推理の本格探偵小説」を、フレイドン・ホヴェイダは、大戦間の時代に完成された「謎解き小説」ジャンルと定義している。その直接の源は「一九一四－一八年の大戦に先立つ数年間に求めなければならない。オースチン・フリーマン、G・K・チェスタトン、E・C・ベントリーなどが、早くも一九〇六年から一九一四年までの間に執筆している」(『推理小説の歴史はアルキメデスに始まる』)。

一九一四－一八年間の戦争のあとでも、こうした論理的傾向は長く続いて、ついに完成を見た。デュパン、ホームズ、ルールタビーユ、リュパンなどは超人だった。彼らの推理はありあまる知識と、人間離れのした絶対確実さを思わせた。――彼らは決定的な証拠を自分の胸ひとつに収め、最後に至って初めて明らかにすることで読者をびっくりさせ、こうして自分の名声を保った。――謎解き小説の擁護者たちはこのぺてんを嫌い、名探偵ピーター卿の作者であるドロシー・L・セイヤーズが《フェア・プレー》の方法と呼んだものを採用する。もう秘密の通路も、重要ならざる悪人たちも姿を消し、また探偵だけしか知らないような発見物とか、エキゾティックな毒薬とか、えたいの知れない中国人とかも存在しない……。

ホヴェイダによれば、証拠などは「一から十まで読者に明瞭に示されて、読者に挑戦しなければならない。（略）作家らはしだいにきびしい制約を求めるようになり、厳密な基準を発明してそれを法典化することを愉しみ出した」。「《純粋主義者たち》は昔の作品を槍玉に上げはじめ、老大家たちを断罪し入念に厳格な規則を練り上げる。かくして、たとえばヴァン・ダインの《推理小説作法の二十則》が生まれ、それは不安、幻想、脅異、等々といったすべての無縁の要素を推理小説から追放しようとする」。

以上のようにホヴェイダは、大戦間に完成された本格探偵小説の形式に、それほど好意的ではない。それは、ロジェ・カイヨワの「こうしたぎりぎりまで来てしまうと、推理小説はその名にふさわしいものであることを完全にやめる。（略）もはやそれは小説ではなくてゲームであり、物語ではなくて謎解きである」という言葉を結論的に引用している点からも明らかだろう。

「小説ではなくてゲームであり、物語ではなくて謎解きである」と定義されるような、大戦間に黄金期を迎えた本格探偵小説は、しばしば先のない袋小路に逢着し衰亡したといわれる。大戦間の時代以前の探偵小説には、ゴシック小説やロマン主義の幻想小説に由来する「不純」な要素が広汎に含まれていたのだし、それ以降は中心地の英米においてさえスパイ小説、心理サスペンス、警察小説、ハードボイルド、等々の新興勢力に圧倒され続ける経緯を辿ったというわけだ。

アガサ・クリスティ亡きあとのイギリスも、エラリー・クイーン亡きあとのアメリカも、彼らに匹敵するような探偵小説の巨人を生んではいない。今やミステリの主流は、ジョン・ル・カレやフレデリック・フォーサイスのスパイ小説、ルース・レンデルやメアリ・クラークの心理サスペンス、トマス・ハリスやジェイムズ・エルロイの警察小説、等々で、リストにはロバート・ラドラムの冒険小説やスティーヴン・キングのホラー小説を加えることもできる。日本以外の国では、作中に古色蒼然とした「読者への挑戦状」が挟まれる作品など、まず書かれることはあるまい。

だとしてもホヴェイダの大戦間探偵小説批判は一面的といわざるをえない。簡単にいえばヴァン・ダインの傑作には、「ヴァン・ダインの二十則」を超えてしまう過剰性があるからだ。クリスティ、ディクスン・カー、ヴァン・ダイン、クイーンなどに代表される、大戦間に完成された本格探偵小説の達成には、なお検討されるに足る意味がある。

　ホヴェイダの議論で欠落しているのは、なぜ第一次大戦後にゲーム的な探偵小説が、圧倒的な隆盛を迎えたのかについての説得的な理由だ。「最初のうちは大衆小説の分野に属していたけれども、両大戦間に推理小説はもっと裕福な階級の読者層に向けられるようになった。一九二五年以来多数の作家が輩出したが、彼らの登場人物はいずれも貴族階級かブルジョア階級に属していて、人づき合いをせず、大衆とまじわることをいさぎよしとしない。動機とか、殺人とか、高飛びとか、法律違反とかが、次第にこの新しい読者層の要請に応えるようになる。つまり推理小説はブルジョア化したのだ」とホヴェイダは指摘するのだが、なぜそうなったのかの理由は最後まで検討されることがない。

　その理由は明瞭だ。第一次大戦は人類史上でも類を見ない大量殺戮戦争だった。それはゲルマン神話や中世騎士道物語に起源を求めたロマン主義的な想像力に、決定的な死亡宣告を下した。数百万の兵士が機械化された殺戮の渦に巻き込まれ、無力に引き潰されて戦場に血みどろの肉屑の山を築いた。凡庸な屍体の山がそのようにして生じた。

　列強の植民地の争奪をめぐる紛争は、アジアやアフリカやバルカンなど周辺国で散発していたにせよ、普仏戦争から第一次大戦まで西欧は、かつてない平和と繁栄の時代を謳歌していた。「ベル・エポック」であり「ビスマルクの平和」であり「繁栄のヴィクトリア時代」である。換言するなら第一次大戦までは、年表上はともかく時代精神において、一九世紀と地続きの時代が続いていたともいえる。

デュパンからホームズやリュパンに至るヒーローの系譜は、探偵小説の一九世紀的な水準に照応している。デュパン三部作においてエドガー・アラン・ポオは、ロマン主義的な幻想小説の都市化を「謎―論理的解明」が均衡する作品形式の創造において内化した（以上の詳細については『機械じかけの夢』序章「SFの起源あるいは幻想文学の遍歴史」を参照のこと）。コナン・ドイルは『四人の署名』や『恐怖の谷』で、ウィルキー・コリンズ『月長石』やディケンズ『大いなる遺産』のモチーフを継承しつつ、本国（内部）と植民地（外部）の接点に生じるものとしての犯罪を主題化した。

モーリス・ルブランのリュパン連作はデュパン以後の環境性において、一度は否定されたシュー型の都市冒険小説を甦らせたともいえる。たとえばウージェーヌ・シューの『パリの秘密』とルブランの『８１３』は、作品構成の点で類似している。前者ではドイツの小王国の君主が身をやつしてパリの場末にあらわれ、誘拐されていた王女を探し出す。後者では、パリの場末の青年がリュパンの差し金で、やはりドイツの小王国の王位継承者として名のり出ようとする。しかし、それら一九世紀探偵小説の水準は、『８１３』のエピローグや晩期のホームズ作品でドイツとの新しい戦争が予感されているように、第一次大戦の勃発のために終焉をとげる。その際、興味深いことにリュパンもホームズも、まるで足並をそろえたように「愛国者」を自任する。

第一次大戦の戦場となった国では、その未曾有の経験がさまざまな反応を必然化した。ロシアではボリシェヴィキ革命が起きた。ドイツではナチズムの勝利に至る社会不安が醸成され、ナチズムに帰結したハイデガー哲学が青年知識層に広汎に受容された。フランスでも共産党とファシストが対峙し、シュルレアリスム運動が起こる。

大戦がもたらした無意味な屍体の山に対して、それを新たに意味づけ直さなければならないという衝動が各国で普遍的に生じた。共産主義もファシズムも、表現主義もシュルレアリスムも、またハイデガー哲学も、そうした磁場において大衆や知識人の心を摑んだのだ。

直接の戦禍を避けえた英米では、それらに対応し、それらを代補するものとして本格探偵小説が書かれ、かつ広汎に読まれたといえる。ひとつの屍体にひとつの克明な論理。それは無意味な屍体の山から、名前のある、固有の、尊厳ある死を奪い返そうとする倒錯的な情熱の産物ではなかったろうか。美術批評家だったヴァン・ダインが最初に探偵小説の創作に手を染めたきっかけは、生命にかかわる病を得ての入院体験にある。二〇世紀的な病院での死者は二〇世紀的な戦場での死者に、その死の無意味性において対応している。いずれにせよ二〇世紀人の死は瑣末で平凡であり、竜と戦うゲルマンの英雄の光輝ある死ではありえない。

ファイロ・ヴァンスがあの饒舌で隠蔽しようとしているのは、第一次大戦に象徴される二〇世紀的な大量死の現実なのだ。瑣末で平凡な大量屍体の山。しかしヴァンスの饒舌でも隠しきれないものが、人類初の大量殺戮の経験にはあった。

犯人は被害者を葬ろうとして緻密な犯行計画を練る。そのようにして殺害される人間は、戦場で偶然のように殺された無数の死者よりも、はるかに「人間的」に扱われているのではないか。さらに被害者の屍体は、犯人の行為を再現し追体験する探偵の推理によって、第二の光輪を与えられさえする。探偵小説は第一次大戦のグロテスクな屍体の山が必然的に喚起したその隠蔽形態であり、同時に表現主義やシュルレアリスムやハイデガー哲学に対応するだろう、その不可避的な開示形態でもある。隠蔽しつつ開示する探偵小説の二重性に注目しなければならない。

第一次大戦の経験から直接に生じた、二〇世紀的な時代精神との内的関連を見ない本格探偵小説＝ゲーム論は、不可避に凡庸なものたらざるをえないだろう。「作家らはしだいにきびしい制約をもとめるようになり、厳密な基準を発明してそれを法典化することを愉しみ出した」。その最右翼ともいえるヴァン・ダインの倒錯した情熱は、二〇世紀の時代精神が不可避にもたらしたものだ。

一九四〇年代以降のクイーンの軌跡は、死を意味づける犯行計画とそれを暴露することで重ねて被害者の死を意味づけようとする大戦間探偵小説の構想が、次第に曖昧な宙吊り状態を強いられる過程を象徴しているのではないか。大戦間の時代に完成された探偵小説の形式は、禍々しいものを隠蔽せざるをえない必然性において時代的であり、かつ最後には禍々しいものを隠蔽しきれない逆の必然性において、また結果として生じるだろう懐疑や錯乱や狂気において、二〇世紀的な死を固有に思考し表現する文学たりえた。

日本では事態はどのように進展したろうか。アメリカや西欧諸国とは異なって、日本は正面から第一次大戦を通過していない。戦禍をまぬがれた日本は戦争景気に湧いた。関東大震災による破壊さえもが、新しいモダン時代の到来を告げる号砲と見なされた。

「新青年」においてモダニズム路線を確立した横溝正史は、その時代、なぜ「謎と推理の本格探偵小説」が日本に存在しなかったかについて戦後に証言している。「こういうと自己弁護めいてきこえるだろうが、乱歩さんの『二銭銅貨』が現れるまで、日本人には探偵小説の創作はむりであろうと、世間できめてかかっていたように、私にもしこういうスタイルの長編を書く才能があるとしても（もちろん、そんな自信は毛頭なかったが）日本のジャーナリズムにはとてもうけいれられないだろうと、私はかってにきめていた」。

第二次大戦以前の日本の大衆文芸ジャーナリズムが、本格探偵小説を忌避したろうという正史の状況判断はおそらく妥当だった。まだ日本人は二〇世紀的な無意味に、膨大な屍体の山に直面していなかったから。

日本の戦前探偵小説が、英米風の探偵小説を達成しえなかったのは、たんに情報不足によるものではない。作家の力量が不足していたからでもない。大正後期から昭和初年代にかけての日本人は、二〇世紀的な死の意味（＝無意味）の重圧にさらされることなしに、太平楽に生存することが可能だった。戦前期に英米風の探偵小説が存在しなかった最大の理由がそこにある。また第二次大戦を通過した直後に、日本で最初の本格探偵小説として『本陣殺人事件』が書かれえた根拠をも、それは裏側から照射している。この戦争において日本人は、まさに大江健三郎が語るように「ヒロシマ・ナガサキ」の原爆体験として、第一次大戦よりも徹底化された惨憺たる大量死を体験した。

「謎と推理の本格探偵小説」を目指しながら、それを第二次大戦後まで実現できなかった日本探偵小説の制約性は、同時代の「純文学」においても基本的に同型の構図をなしていた。第一次大戦の体験の仕方における欧米と日本の質的相違は、近代の本場と後発近代国の相違という明治以来の問題構成よりも、昭和文学の成立には決定的なモメントをなしている。戦争景気に浮かれた日本にも、第一次大戦の結果として生じたロシア革命の影響が二〇世紀の時代精神として影を落としはじめる。ウォール街の株価暴落からはじまる一九二九年恐慌と、三〇年代の世界的な大不況。資本主義の死の苦悶とファシズム、コミュニズムの台頭。

「ぼんやりした不安」に悩まされた芥川龍之介の自殺（一九二七年）は、日本の二〇世紀文学の実質をなした昭和文学の象徴的な起点となる。西欧では一九一四年の大戦勃発で終焉した一九世紀が、日本では一九二七年の銀行破産続出、株価暴落、山東出兵、二八年の三・一五事件、治安維持法改正、特高警察設置、そして二九年恐慌などの事件が相次いだ昭和二、三、四年頃まで続いていたともいえる。結果として平野謙に「三派鼎立」と要約された昭和初年代の日本文学の構造が成立する。

初年代の昭和文学には、もはや一九世紀文学ではありえないが二〇世紀文学にはなりきれていないという、奇妙に不徹底な性格がある。二〇世紀的な探偵小説を目指しながら、一九世紀的な水準から脱却できないでいた戦前の日本探偵小説とそれは、ほとんど同型的な問題を抱えていたのだ。

日本の一九世紀文学は自然主義―私小説の系を主流としているが、それは後発近代国に固有の混乱の産物だった。一九世紀西欧の文学流派としてはロマン主義が、次いでリアリズムが隆盛したのだが、起源も主張も異なる両者を明治文学は同時に受容した。その結果、奇妙な現象が生じることになる。

文学とは魂の真実の探究だというロマン主義的な主題が、文学とは外的世界を内的世界＝作品世界に克明に再現するものだというリアリズムの方法と癒着した。さらに西欧ロマン主義において「魂の真実の探究」は、俗悪な近代社会の現実を批判するものとして、中世的精神やゲルマン的伝統の強調など反近代の理念において推進されたのに対し、日本の場合は、むしろ封建的家族関係に反抗する近代派青年が主人公になる。西欧ロマン主義者は、近代を脱却しなければならない制約と見なしたのだが、それを日本のロマン主義者は聖なる到達目標として掲げたのだ。日本的な一九世紀文学として自然主義―私小説の系が成立したのには、以上のような後発近代国に固有の錯綜がある。

ロマン主義的な魂の真実の探究は、先にも述べたように娯楽性と対立するものではない。リアリズムの方法にしても同様だ。自然主義—私小説の系に染みついている、「認められない天才」ならぬ「認められない文士」の不遇感や劣弱感、それと裏腹の自己特権化や社会憎悪の傾向は、ロマン主義の主題からもリアリズムの方法からも直接には生じない。カストリアディスがフランス文学を素材として分析したような社会的背景が、異なる文脈で近代日本にも存在し、結果として最悪の場合には「ブルジョアをアッといわせる」事態に照応するだろう、「文壇をアッといわせる」種類の頽落も私小説の世界にはもたらされた。たとえば醜聞の露悪的な告白、あるいは演技的な貧乏生活など。

第一次大戦の惨憺たる経験は、西欧において魂の真実を探究する私や、世界を作品に再現しうる造物主にも類比的な作者を殺害した。その危機を超えようとしてダダイズム、シュルレアリスム、フォルマリズム、表現主義、等々のモダニズムあるいはアヴァンギャルド芸術運動が勃興する。しかし日本では一九世紀文学的な私小説の「私」は、壊滅的な危機に陥ることなく存続しえた。昭和初年代の小林秀雄と正宗白鳥の論争に代表される私小説論争は、確かに私小説的な「私」を審問にかけようとしたのだが、それも中途半端に終わる。かくして、「三派鼎立」の第一極が成立した。

　西欧モダニズムの影響下に誕生した第二極の新感覚派や新興芸術派は、第一次大戦における一九世紀的精神の危機を通過していない日本では、新奇な技法や発想の輸入という表面性を超えうる条件を欠いていた。「三派鼎立」のなかで他と比較して二〇世紀文学の質をはらんでいたと評価できるのは、中野重治などプロレタリア文学派の一部だろう。プロレタリア文学は、第一次大戦の産物にほかならないロシア革命の直接の影響下に生じた、三〇年代不況やファシズムの台頭という二〇世紀的な新事態に真正面から対応する運動だった。

　それでも昭和初年代における純文学三派はいずれも、一九世紀の尻尾を引きずりながら、二〇世紀に足先だけ突っ込んでいるという中途半端さにおいて共通している。すでに二〇世紀の渦中にあった西欧の同時代文学との落差は、先にも強調したように、近代の本場と後発近代国の近代化における相違に還元できるものではない。むしろ第一次大戦の体験の相違が、こうした落差をもたらしたのだ。落差の解消は、日本人が第一次大戦をもはるかに超える大量死を経験することにおいてのみ、ようやく実現されえた。

　大江健三郎による、戦後文学が純文学のモチーフをはじめて達成したのだという評価に、さほどの異論はない。確かに戦後文学は、昭和初年代における「三派鼎立」の不徹底性を超えている。埴谷雄高や野間宏をはじめ戦後文学の代表作家の多くが、戦前の共産主義運動に関係した経歴をもつ。同時に、存在論やアヴァンギャルド芸術運動の主題を内在的に摑んでもいる。空虚な砂粒のような二〇世紀の私、無意味の重圧に押し潰された私、産業廃棄物にも等しい大量死の山に呑み込まれた私、ひたすら根拠もなしに浮遊する私を真正面から主題にせざるをえない点において、一九世紀的な日本文学の主流をなした私小説の水準を超えてもいる。

ようするに戦後文学は、昭和初年代の中途半端な「三派鼎立」状態を、第二次大戦の惨憺たる経験を通過することにおいて統合し、はじめて日本文学に二〇世紀的な問題構成をもたらしえた。にもかかわらず一九二〇年代以来の純文学と大衆文学の二項対立は、解消されないままに終わった。

日本文学は「八・一五」を迎えた。似たような解放感と野心の高揚のなかで、野間宏は『暗い絵』に着手し、横溝正史は『本陣殺人事件』を書きはじめることになる。

3

戦前から「謎と推理の本格探偵小説」の実現が望まれながらも、ようやくそれが達成されえたのは、日本が第二次大戦と敗戦を経験した後のことだ。なぜ戦前の日本では、本格探偵小説が書かれえなかったのか。本格探偵小説とは世界戦争というノアの洪水にも類比される巨大な氾濫がイギリス、次いでアメリカにもたらした二〇世紀的な小説形式であり、大戦を横目で見ていたに過ぎない日本は、その成立条件をあらかじめ欠いていたからだ。

たとえばアガサ・クリスティの作家的誕生の経緯からも、「グレート・ウォー」と呼ばれた第一次大戦の未曾有の経験と本格探偵小説のジャンル的な生成との、無視しがたい関係を検証することができる。

一八九〇年に生まれたクリスティは、一九世紀最後の世代として少女期を過ごした。「進歩と向上」を時代精神として掲げた一九世紀とは、西欧全域を巻き込んだナポレオン戦争を起点とし、そして第一次大戦において終焉を迎えた一時代だった。「グレート・ウォー」が勃発する以前の二〇世紀最初の十数年は、年表の数字はともかくとして実質的には、なお一九世紀の延長として存在していた。むしろ、その十数年のあいだに一九世紀的なるものは、社会的・文化的に最終的な爛熟を遂げたのだともいえる。一九世紀イギリスの中心をなしているのは、いうまでもなく大英帝国が最盛期を迎えたヴィクトリア時代だろう。クリスティは典型的な中産階級の娘としてヴィクトリア時代の残照を浴びながら成長した、いわば一九世紀最後の世代だった。

「グレート・ウォー」の勃発にかんしてクリスティは、「英国は戦争を始めていた。／その当時と今のわたしたちの感じの違いをどう言いあらわしていいかよくわからない。今、戦争が始まったら、わたしたちはぞっとはするだろう、おそらく驚きもするだろう。が、びっくり仰天はしないだろう、というのは、わたしたちはみな戦争はあるものと思っている——過去にもあったし、いつまたあるかもしれないと思っているからである。しかし、一九一四年、それまで戦争はずっとなかった……どれくらいの間？　五十年……もっとだったかな？　いかにも、大ボーア戦争なるものがあったし、北西辺境地方で小ぜりあいもあったが、これらは自国そのものを巻きこんでの戦争ではなかった——いうなれば大規模の軍事演習、遠隔地での国力の維持であった。こんどは違う……わたしたちはドイツと戦争を始めたのだ」と『アガサ・クリスティー自伝』で回想している。

西欧世界はナポレオン戦争から一世紀以上ものあいだ、普仏戦争を唯一の例外として平和と繁栄を謳歌してきた。ナポレオン戦争に勝利して世界的に確立されたパクス・ブリタニカは、一九世紀を通じて列強間の破滅的な戦争を抑止することに成功してきた。永遠のものとさえ信じられていた平和と繁栄の一九世紀は、しかし不意に終焉をとげる。ドイツとの開戦を知らされたクリスティの「びっくり仰天」は、一時代の終わりに直面した一九世紀人の、大地が足元から崩壊するような精神的衝撃を物語っている。

戦争の余波は、クリスティが暮らしていた牧歌的な避暑地トーキイにまで及んだ。クリスティの伝記を書いたグエン・ロビンスは、「ピックウィック流の言いまわしを得意とするトーキイの代表的な郷土史研究家ロバート・ルック」の次のような文章を引用している。「一九一四―一八年戦争の勃発は、トーキイにおいてヴィクトリア朝期より連綿と営まれていた、華やかな、のんびりした社交生活の終焉を告げるものであった」、「各家庭が属する社会的活動分野の別を問わずに、イギリス国民の日常生活を根底から揺るがせた点で、この大戦は一九三九―四五年の大戦をしのぐものがあった」(『アガサ・クリスティの秘密』)。

日本人には一般に理解しがたいことだが、西欧人には第一次大戦の精神史的意義のほうが、第二次大戦のそれよりも圧倒的に巨大だ。第一次大戦において西欧は、平和と繁栄にまでろんでいた時代から未知の残忍で荒々しい時代に、レーニンのいわゆる「世界戦争と世界革命の二〇世紀」に精神的な準備もないまま押し出されたのだ。西欧人には第二次大戦も冷戦も、たんに第一次大戦の継承に過ぎない。

戦争は二つの点でクリスティの生活に深刻な影響を及ぼした。第一は婚約者アーチーの出征。そして第二は後送された傷病兵のボランティア看護師に志願し、開戦から一九一八年九月まで、総計で三千四百時間にものぼる激務についたこと。大戦における一九世紀と二〇世紀の鋭角的な断層は、中流婦人からなる篤志看護師のあいだに生じた亀裂として若いクリスティには最初に体験された。

中年婦人たちの多くは、本当の看護婦をほとんどやっていなかった――同情心や善意の仕事いっぱいであるが、看護というものがおまるやしびん、防水布のこすり洗い、吐物の清掃や化膿した傷の臭気などから主に成り立っていることを理解していなかったのだ。この人たちの看護の考え方は、枕をきちんとしてやるとか、われらが勇士たちに慰めの言葉をやさしくつぶやいてやるといったことが主だと思っていたらしい。こんなわけでこの非現実論者たちはたちまちその仕事を放棄してしまった――こんな仕事などするとは考えてもいなかった、と彼女らはいっていた。そして代わりに元気な若い娘たちが病床のわきへ連れてこられたのだった。

（『アガサ・クリスティー自伝』）

病人にたいする看護の態度そのものにおいて、ヴィクトリア時代のそれは無様な不適応性を暴露した。「古き良き時代《ベル・エポック》」に通用しえた「同情心や善意」など、人類が最初に遭遇した世界戦争の前では端的に「非現実」的なものに過ぎない。クリスティが排泄物や「化膿した傷の臭気」に言及していることにも注意したい。機関銃で掃射され毒ガスで窒息した兵士の死骸の山は、一九世紀ふうの英雄的な死という観念を土台から破壊したのだが、「われらが勇士」の看護に「慰めの言葉」など無用だ、患者の汚物を処理し続けることのみが要求されているという即物的な自覚に達した「若い娘」の一人アガサは、すでに前線の兵士とおなじ荒々しい残酷な時代を生きはじめていた。

クリスティが「おまるやしびん、防水布のこすり洗い、吐物の清掃や化膿した傷の臭気」にまみれて過酷な看護作業に従事していた頃、大陸の戦場では、かつて人類が目撃したことのない大殺戮が演じられていた。「ドイツ軍とフランス軍の死傷者は厖大な数にのぼった。最初の五か月の戦闘でドイツ軍は百万の兵士を失い、フランス軍も八月に展開された

〈辺境での戦闘〉ではわずか二週間で三十万以上の兵士を失った。戦闘開始後の一か月で兵員の四分の三を失った連隊もいくつかあった。十二月末までにフランス軍はドイツ軍に匹敵する死傷者を出した。およそ三十万が戦死、六十万が負傷あるいは行方不明になったのだ。一九一四年の末になるとフランスもドイツもほぼ全家庭にひとりの戦死者を出した計算になる」（モードリス・エクスタインズ『春の祭典』）。

クリスマス休暇で帰還したアーチーと、その日にクリスティは結婚した。彼女が戦場に戻る新夫の死を覚悟していたことは、いうまでもないことだろう。職業生活と愛情生活の双方においてクリスティは、少女時代に形成された時代意識や存在感覚が、じりじりと挽き潰されてしまう残忍な一時代を通過した。そのようにして一九世紀最後の世代は、二〇世紀最初の世代に転化する。大戦経験という未曾有の試練が、平凡な文学少女の精神に決定的な変貌を強いた。二〇世紀を代表する探偵小説作家がそこから誕生する。

少女時代のクリスティはD・H・ロレンスやメイ・シンクレアを愛読していた。隣家の住人だったイーデン・フィルポッツから創作の指導を受けたこともある。刊行直後にガストン・ルルーの『黄色い部屋の謎』を姉のマッジと読み、「その時からわたしは決意に燃えて、必ず探偵小説を書いてやろうと思った」。しかし、「それだけのことでその先へは進めなかった」。クリスティは最初から探偵小説作家を目指していたのではない。それも当然のことで、この時代のイギリスに専業的なミステリ作家なるものがグループをなして存在していたとはいえない。G・K・チェスタトンをはじめとする主流文学の作家や批評家が、しばしばミステリ作品を執筆していた。ようするに探偵小説はジャンル的な自己確立を遂げる以前の段階にあった。少女時代のクリスティは自分が将来、世界的な探偵小説作家になるという可能性など想像しえなかったろう。彼女はたんに小説を書きたいと思っていた。探偵小説は作家的な将来において、その小さな一部をなしていたに過ぎない。

クリスティの処女作『スタイルズの怪事件』は、同時に探偵小説としての第一作でもある。それ以前に執筆されていた習作は、ジャンル的には主流文学に属するものらしい。彼女は最初の探偵小説を、篤志看護師の激務から一時的に解放された三週間の休暇のあいだに一気に書きあげた。『スタイルズの怪事件』には、その後のクリスティの作風とは異質なものがある。時代背景や社会背景が無視できないほど直接的に、作中に影を落としているのだ。田舎町スタイルズは、その頃、作者が暮らしていたトーキイの郊外をモデルにしているようだし、また戦時下という時代性を前提に、主要なキャラクターも事件の骨格も設定されている。

たとえば語り手のヘイスティングズは、冒頭で「当時ぼくは傷病兵として、前線から送還されている身の上であった。療養所での辛気くさい数カ月をすごしたあと、一カ月間の療養休暇を与えられた」と自己紹介する。あるいは主要人物のひとりシンシアは、作者の実生活さながらに篤志看護師として、「七マイルほど離れたタドミンスタァにある赤十字病院ではたらいている」。シンシアばかりでなく、スタイルズ荘の住人は多かれ少なかれ戦争の影のもとで生活している。被害者のエミリは地方名士として銃後の社会活動に忙しいし、家政婦のドーカスは庭師が徴兵されたせいで庭園が荒れたことを嘆く。あるいは食料品が配給制になって、粗悪な肉類やマーガリンを口にしなければならない窮境を嘆く人物もいる。なによりも探偵ポワロが、イギリスに戦禍を逃れてきたベルギー人として設定されているのだ。

探偵もワトスン役も、ともに戦争に巻き込まれ、戦争の結果としてイギリスの田舎町スタイルズに吹き寄せられた人物だ。それらは作者がたんに身近なところから、作品の素材を調達したに過ぎない事実を示しているのだろうか。さしあたりは、そのようにも考えられる。戦時下の作家志願者が習作を書けば、必然的に戦争の影が作中に反映される、少しも不思議なところはないと。

舞台になるイギリスの田舎町は、大陸の戦場とは対極的な平穏さで際立っている。語り手のヘイスティングズは、たとえば次のように述懐する。

午後の日ざしの下に、緑濃く平和によこたわっているエセックスの平野を見晴らしていると、ここからさほど遠くないところで、あの大戦争がその定められたコースをひたむきに進んでいるなどとは、とても信じられぬことのように思えて来る。ぼくは自分が急に別世界へさまよいこんだような気がした。

事件が起きて捜査のために現場に呼ばれた、ベルギー人の避難民ポワロはスタイルズ荘の庭園を見て、「実に美しい、実に美しい、それだのに気の毒な家族だ、悲しみの淵に沈み、嘆きの床に伏しているのだね」と語る。ヘイスティングズは「平和な田園―大陸の戦場」の対項性においてスタイルズという場所を把握した。そしてポワロは、「平和な田園―不吉な事件」において。「大陸の戦場」と「不吉な事件」が、ともに「平和な田園」の対立項である点に注意しよう。

ようするにスタイルズ荘の女主人の毒殺事件とは、作品空間の象徴的次元においては、大陸で戦われつつある絶対戦争に対応する禍々しい要素なのだ。「平和な田園」が一九世紀的なものを象徴しているとしたら、「大陸の戦場」と、そのメタファーとしての「不吉な事件」はどもに、作者が体験しつつある二〇世紀的な不気味さから作中に導入された要素といえる。以上のような作品の深層構造さえ把握しているなら、探偵小説に固有である推理の迷路を辿ることなく、読者は容易に事件の真相に到達しうる。というのは、エミリ殺しの容疑者は歴然と二つのグループに分割されているからだ。作者が、そのように方法的に設定している。

第一のグループは、毒殺された養母エミリの二人の息子ジョンとロレンスであり、ドーカスなど使用人もこのグループに属する。第二のグループは外部から「平和な田園」に流れてきたメンバーだ。医師バウアースタイン、ジョンの妻メアリ、エミリの若い再婚者アルフレッドがこのグループに属する。エミリに後見されている親類の孤児シンシア、使用人でありながらエミリの唯一の友人でもあるイヴリンは、第一と第二のグループの中間的な存在として位置づけられる。イヴリンは外部のキャラクターであるアルフレッドの従兄妹として設定されている点で、完璧に内部的な存在とはいえないし、さらにシンシアは血縁関係において内部のキャラクターとして把握できるが、その境遇において外部的な要素が無視できない。

犯罪は内部（一九世紀的なもの）の世界に侵入した外部（二〇世紀的なもの）において、むしろ両者の衝突において生じる。作者は冒頭から、このことを幾度も暗示している。従って二人の息子や使用人は容疑者から除外される。外部的なキャラクターのなかでバウアースタインはドイツのスパイとして逮捕され、最初に容疑者リストから外れる。バウアースタインとの恋愛関係において疑惑を暗示されていたメアリも、医師が容疑圏から排除された結果としてシロになる。残る外部的なキャラクターは、最初に疑われたが故にその後は安全な場所に身を置くことに成功したアルフレッドだ。作品の深層構造を正確に把握している限りにおいて、作者が用意した犯人はアルフレッド以外ではありえないという結論になる。

しかしアルフレッドにはアリバイがある。従って共犯者が要請される。当然のことながら共犯者は、両グループの中間的存在としてのイヴリンかシンシアのいずれかだろう。イヴリンにはアルフレッドの従兄妹という関係が与えられているし、物語の進行のなかでシンシアは、弟のロレンスを愛していることが明らかになる。おなじ中間的存在でも、内部のロレンスと密接な関係があるシンシアはやはり共犯者ではありえない。故に犯人はアルフレッドとイヴリンである。

事件の真相として提示されるアルフレッドとイヴリンの共犯説は、「一九世紀―二〇世紀」、「内部―外部」、「家族―他人」などの二項対立において構成されている、スタイルズ荘事件の深層構造において必然的だ。さらに犯人のみならず、探偵の推理にも戦争の影は決定的といえる。伏線として置かれているエミリの次のような台詞に注意しよう。「あたしたち、おたがいに節約の模範を示さなければならないということで、意見が一致しましたの。この屋敷は正真正銘の戦時生活をしていますから、何ひとつ無駄にはしませんの――たとい反故紙一枚でも捨てないで、袋に入れて供出していますわ」。

密室化された被害者の寝室の暖炉から、焼け残った遺言状の切れ端が発見される。だれが、なぜ遺言状を焼いたのか。この問いが真相に至る通路となるのだが、探偵は先に引用した伏線から、焼いたのは殺人犯人ではなく被害者自身だという結論を導く。犯人のキャラクターのみならず、探偵の推理においてさえも戦争の影は濃密だ。「戦時下の家庭生活」でなければ、被害者には真夏に暖炉をたいて、わざわざ遺言状を焼却する必要などない。現場に遺言状が残されていれば、事件は錯綜した迷路を構成することなく直接的に犯人を指示したことだろう。新しい遺言状で最大の利益を得る者が犯人ではないか……。

物語冒頭の事件関係者がはじめて顔を合わせる場面には、二つの興味ある会話が置かれている。ヘイスティングズの探偵談義に対して、密かに犯行を計画中のイヴリンが「ほんものの犯罪では――犯人はすぐわかってしまうはずです」と主張する。「警察のことじゃないの、事件にまきこまれたひとびとのことを言ってるんです。つまり家族ね。どんな犯人も家族をあざむくことはできません。きっとわかってしまいます」と。さらに「殺人は凶暴な犯罪よ。男のほうが結びつきやすいわ」と語るイヴリンに反論して、メアリは毒殺なら女にも可能だと主張する。「バウアースタイン先生がきのうおっしゃってましたわ、医師たちのあいだでも、あまり使われない毒薬の知識が一般にないために、おそらく数知れないほどの毒殺事件が、嫌疑を受けずにすんでいるだろうって」。

イヴリンの言葉は象徴的だ。家族内の事件であれば、探偵小説ふうの推理など必要ない。犯人は「すぐわかってしまうはずです」。しかし家族内の事件にもかかわらず、スタイルズ荘の毒殺事件は錯綜した経緯を辿ることになる。イヴリンの言葉に託した作者の意図は、おそらく次の点にある。第一に「一九世紀―内部―家族」という系が安定的に存在しているなら、イヴリンの言葉は妥当だ。第二にイヴリンは、それが「二〇世紀―外部―他人」という系に不可避に侵食されている結果として、おのれの犯行は露顕しえないだろうことを密かに誇示してもいる。イヴリンの犯行を解明しうるのは、やはり「二〇世紀―外部―他人」の系において作中に導き入れられたキャラクター、つまりベルギー人の避難民ポワロ以外ではない。

毒殺にかんするメアリの言葉もまた象徴的だ。毒殺は、かならずしも二〇世紀的な犯罪ではない。たとえばアレクサンドル・デュマの『モンテ・クリスト伯』には、息子に遺産を相続させるため前妻の娘の毒殺を計画し、古今東西の毒殺事件を研究する法律家夫人が登場する。二〇世紀的な毒殺事件として、その無差別性と大量性において特徴づけられる帝銀事件をあげることができる。だが帝銀事件よりも無差別的で大量の毒殺事件が、その時代には日常的に惹き起こされていた。むろん第一次大戦の戦場における毒ガス戦だ。イペリット・ガスによる現代的な大量死と、古典的な砒素や青酸による毒殺。

ここから、あの対項図式にもうひとつの項を加えることができる。「一九世紀―内部―家族―ストリキニーネによる個人的な毒殺」対「二〇世紀―外部―他人―イペリット・ガスによる大量殺人」。イヴリンに託して作者は、犯人と探偵、動機と推理を「二〇世紀」からはじまる一連の項に配分した。にもかかわらず、『スタイルズの怪事件』では「個人的な毒殺」が、「大量殺人」と位置を変換されている。

論理的には「二〇世紀―外部―他人―イペリット・ガスによる大量殺人」であるところが、作品空間では「二〇世紀―外部―他人―ストリキニーネによる個人的な毒殺」として構成されている。以上は作者による計算違いでも、効果のためになされた恣意的な操作によるものでもない。この変換操作のなかにこそ、探偵小説形式を二〇世紀文学として可能ならしめた、核心的な方法意識が秘められている。それは第一次大戦が不可避にもたらした「二〇世紀―外部―他人」を、すでに失われた「一九世紀―内部―家族」において表現しようと努める逆説的な方法意識なのだ。それを可能にするのが、「大量殺人」と意図的に位置を変換された「個人的な毒殺」だ。戦場で大量殺戮された、産業廃棄物さながらの死者の山に象徴される二〇世紀的な必然性に渾身の力で抵抗し、固有の死を再建しようと努めること。同時に、それ自体としてはアナクロニズムに過ぎない固有の死、栄光ある死、名前のある死を描出する結果として、裏側から大量死、瑣末な死、匿名の死の時代としての二〇世紀の必然性を照らしだすこと。これこそ大戦間に英米で発生し、そして最盛期を迎えた本格探偵小説の精神にほかならない。大戦中に執筆されたクリスティの第一作『スタイルズの怪事件』は、大量死のリアルを隠蔽しつつ開示する本格探偵小説の誕生の秘密を物語る作品でもある。

クリスティは終生、一九世紀的なものにおいて二〇世紀の時代性を表現するという逆説を、探偵小説作家として真摯に生きることになる。『ABC殺人事件』では意味ある死が無意味な死のなかに隠される。『アクロイド殺害事件』では、話者は話者の真実を物語るという一九世紀的な私が破壊され、第一次大戦の塹壕で生じたような異様な私が主題的に描かれる。『そして誰もいなくなった』にせよ『オリエント急行の殺人』にせよ、その傑作はいずれも、第一作『スタイルズの怪事件』で発想された探偵小説の二〇世紀的文法の展開といえる。クリスティにおいて生じた事態は、同世代のドロシー・セイヤーズにおいても、あるいは大戦間の英米探偵小説の巨匠のいずれにおいても、それぞれの固有性と偏差を持ちながらも克明に反復されている。大戦間にジャンル化された本格探偵小説とは、まさに「グレート・ウォー」の大量死を逆説的に表現する二〇世紀的な文学形式なのだ。

4

本格探偵小説の成立にはたした役割にかんしては、英米の第一次大戦が日本では第二次大戦にあたる。日本では『本陣殺人事件』を出発点に、昭和二十年代には大戦間の英米にも匹敵する本格探偵小説の傑作が続々と出現した。それも第二次大戦の想像を絶して苛酷な体験を、本格探偵小説の構想に転化しうる方法意識が不可欠の前提だったろう。どれほど印象的な体験であろうとも、それが直接的に優れた作品の出現を保証するわけではない。所与の条件を生かしうる方法意識が媒介されなければ、第二次大戦のような圧倒的な国民的体験であろうとも、自動的に本格探偵小説の傑作を生みえたわけはない。

国民的な戦争体験と、戦後本格の出現を媒介するものとしての鋭角的な方法意識は、戦前期にすでに準備されていた。それは昭和十年前後におこなわれた、本格論争および芸術論争において示されている。探偵小説における本格論争は、欧米のように第一次大戦を通過しないまま曖昧に二〇世紀という時代に足を取られて混乱に陥った、日本社会に固有である精神史的構成の反映として捉え返すことができる。

このような時代的な混乱は、各種の主題ごとに提起された多様な二項対立において表現されている。たとえば軍部における統制派と皇道派、共産主義における党と大衆(福本イズムと山川イズム)、文芸における純文学と大衆文学、等々。大正末期から昭和初年代にかけての日本は、これらの対立的な二項が混乱のなかで対峙し、劇的な相剋を演じる過渡的な時代だった。

なかでも第一次大戦を直接の契機として生じたのが、統制派や革新官僚などによる日本改造プランの追求だろう。日本人としては例外的に、第一次大戦を直接に経験したのが軍関係者だった。青島占領というような牧歌的な軍事作戦を指しているのではない。欧州大戦において戦争の性格が、一九世紀の国民戦争から二〇世紀の絶対戦争に決定的に変貌している事実は、ソンムやヴェルダンの戦闘を視察し、機関銃と毒ガスで大量殺戮された塹壕戦の死者の山を目撃した駐欧武官から軍部中央に克明に報告されていた。列強の勢力均衡による「戦争を含んだ平和」の一九世紀的な世界は、最後の世界帝国の建設を目指して闘われる、グローバルな世界戦争の時代に突入したのだ。二〇世紀という異様な時代の到来をいかなる社会階層や社会集団よりも先に察知し、その備えにおいて致命的な不足がある日本国家に激しい危機感を募らせたのは、ほかならぬ軍部だった。こうした認識は満州事変の黒幕として暗躍した参謀、石原莞爾の世界最終戦論に具現されている。

第一次大戦中の好況は三〇年代の大不況に転じる。経済危機は社会不安を激成し、二〇世紀的な条件性に耐えられない古典近代的な明治国家の体制は、かつてない深刻な危機に陥った。昭和初年代の社会・経済危機は農村部において、ほとんど解体的な水準にまで達する。そこでは貧困と飢餓が蔓延し人身売買が横行した。

第一次大戦後の二〇世紀的な生存条件に適応しえない、老朽化した明治国家を世界戦争の主体として再編成すること。第一次大戦の廃墟から誕生したスターリニズム・ロシアとナチズム・ドイツ、戦勝国とはいえニューディール政策を実施しつつあるアメリカは、それぞれに国家の現代的再編成に乗りだしている。これらの二〇世紀国家に対峙しうるような土台からの国家改造を、日本もまたなし遂げなければならない。

統制派と皇道派の対立は、現代的な国家改造の方法および目標の相違として生じている。統制派は第一次大戦下のドイツ国家資本主義を参照例として、上からの合法的な国家および社会再編を目指した。他方、皇道派は世界戦争に対応する二〇世紀的な革命と社会主義の現実性を暗黙の了解としていたといえる。独占資本と提携しながら二〇世紀的な統制資本主義の体制を形成することなど、微温的きわまりない。独占資本家や明治国家の中枢である重臣団を暴力的に排除して、土台から新国家を建設しなければならないと皇道派の青年将校は主張した。その方法は当然のことながら、クーデタ的あるいは革命的な体制転覆とならざるをえない。

軍部中心の支配層ほどに直接的ではないが、それに過激に対立した日本の共産主義運動にも、第一次大戦がもたらした二〇世紀的な時代性の反映は認められる。一九世紀的なマルクス主義は、ドイツ社会民主党において典型的な勝利をおさめた。一九世紀末から二〇世紀初頭にかけて、ドイツ帝国議会で多数の議席を獲得し、膨大な基幹産業労働者を傘下の組合に組織した世界最強の社会主義政党は、その量的発展の極点で理想社会を実現するだろうと、第二インターナショナルに結集した各国の社会主義者からは信じられていた。

第一次大戦が勃発し、レーニンを激怒させたドイツ社会民主党の「背教」が生じる。第二インターにおけるプロレタリア国際主義の遵守と戦争反対の決議に反して、ドイツ社会民主党は戦争予算に賛成票を投じたのだ。現実に存在する労働者階級と、その利害を代表する社会主義政党が勢力を拡大していくなら、結果として理想社会も自動的に到来しうるという社会主義理念は、基本的に一九世紀的な水準にある。第二インター主流派の社会主義理念は、労働と教養の蓄積において理想状態を達成しうるというヘーゲル哲学の観念とも、またヘーゲル的観念の裏返しであるドイツ教養小説の文学理念とも同型的だった。

第一次大戦の惨禍は、このような一九世紀的理念の予定調和を土台から破壊した。国民戦争が世界戦争に転化したように、パクス・ブリタニカのもとにあった一九世紀的な国民国家は、世界帝国を目指して世界戦争を闘いうる二〇世紀的な主体に再編成されなければならない。プロレタリアートの独裁国家として、ナチスの第三帝国として、あるいは天皇親政の軍事国家として。同様に、革命観念もまた根本的な変容を強いられる。それを象徴するのが、ハンガリーの哲学者ジェルジ・ルカーチの『歴史と階級意識』だ。

ルカーチは第一次大戦後のドイツ革命において、社会民主党に組織された労働者階級が、革命の主体どころか反革命の防壁として出現したという事実を理論の前提とする。労働者階級は、それ自体としては必然的に反革命的な性格をもたざるをえない。精緻をきわめたルカーチの物象化論は、こうした結論を立証するために構築されている。結果としてルカーチは、それ自体としては一九世紀的な水準にあったレーニン組織論を二〇世紀的なものに哲学化して前衛党の存在を理論的に基礎づけた。

ルカーチ哲学について詳述する余裕はないが、次のように要約することは可能だろう。前衛党はレーニンが想定したような、革命理論と革命のテクノロジー（非合法活動のノウハウ、等々）を所有する主体ではない。それは歴史の真理を宿した、究極の特権的主体なのだ。以上のようなものとして、選ばれた主体を確立するために党は、労働者階級の現実から自己を分離しなければならない。なぜなら党は、具体的に存在している個々の労働者の支持においてではなく、歴史の真理においてのみ自己を権利づけるのだから。党は現実の労働者階級を歴史的真理にまで導き、階級を本来のものたらしめるために、あらゆる方法を行使しなければならない。権利というよりも、むしろ義務として。

　こうして二〇世紀的な革命党の理念が析出される。それは理想社会の実現を目指して民衆を啓蒙した、一九世紀的な社会主義政党とは本質的に異なる存在だ。二〇世紀の革命党は理想社会の実現のため、本性的に反革命的である民衆にムチを振るう教導者でなければならない。このようにして党が民衆に振るったムチなるものは、クロンシュタット弾圧から収容所群島の形成まで、ロシア革命の全過程を通じて膨大な流血の跡を残している。レーニン主義をルカーチは哲学的に基礎づけたのだが、ルカーチが発明した二〇世紀マルクス主義は、マルクス＝レーニン主義として全世界に布教された。ルカーチ哲学と、ミーチンなどによるスターリン御用哲学には相違点が多々あるにせよ、ルカーチ哲学はボリシェヴィズムと称される二〇世紀ロシア・マルクス主義の最高の哲学形態といえる。ただし、それはロシアのマルクス主義のみを意味するものではない。トロツキズムも毛沢東主義も、スターリン主義に思想的に対抗したとされる西欧マルクス主義さえもが、その変種に過ぎない。

　ようするにルカーチは、民衆の名において民衆を無限殺戮しうる革命党の観念を哲学的に正当化したのだが、それが世界戦争や世界帝国を担いうる二〇世紀的な国家観念に照応している点については、あらためて指摘するまでもないだろう。ドイツ社会民主党に代表される一九世紀的な社会主義政党は、せいぜいのところ戦争予算に賛成投票をした程度で、その「悪」は微温的なものに過ぎない。しかし二〇世紀の革命党は、ソ連の収容所群島からカンボジアの大量虐殺まで、かつて人類が目撃したことのない巨大な「悪」を無から創造した。その独創性と全体性は、二〇世紀も終わろうとしている今だからこそ過不足なく捉えうる。

ところでボリシェヴィズムの哲学的観念は、戦前期の日本にもすでに導入されていた。山川イズムが一九世紀的なマルクス主義を運動論的・組織論的に体現していたとするなら、「結合の前の分離」を唱えて日本の革命運動に旋風を巻きおこした福本イズムは、まさにマルクス主義の二〇世紀的な質を象徴していた。というのも当然のことだろう。福本和夫は第一次大戦後のドイツ留学で、ルカーチ『歴史と階級意識』をはじめとする、生誕したばかりの二〇世紀マルクス主義を学んで帰国したのだから。福本が山川イズムを批判して、共産党は労働者階級と「結合」する以前に、それ自体としては反革命的であらざるをえない労働者階級の現実から徹底的に「分離」し、理念的な自己純化をはたさなければならないと主張した背景には、『歴史と階級意識』の哲学的前衛党論がある。

支配層において統制派と皇道派の分岐が生じたように、日本の革命運動においては福本イズムと山川イズム（党と大衆）の分岐がもたらされた。いずれにせよそれらは、第一次大戦の無意味な屍体の山を目撃することにおいて生じた二〇世紀精神の、日本における無自覚的な反映として理解できる。

統制派と皇道派、党と大衆の分岐に対応するものとして、昭和初年代に確立された純文学と大衆文学の分岐がある。第一次的には純文学が一九世紀的な質を、大衆文学が二〇世紀的な質を象徴していたことは疑いえない。白樺派的な純文学は、啓蒙と真摯な努力の延長線上に、人格的あるいは社会的な「理想」に到達できると確信していたのだから。それに対して大衆文学は関東大震災後の、二〇世紀的な環境性において生じている。自費出版の刊行物や、その延長上にある新聞の文芸欄や文芸誌などの教養的なメディアに対して、ラジオや写真雑誌などの大衆メディア。鎌倉の禅寺や新しき村に対して、銀座のカフェや震災後に建設された高級アパート。求道的な青年に対してモダンボーイ。その変態としてのマルクスボーイ。

ふりかえれば「大衆」の存在それ自体が二〇世紀的だ。比較していえば、一九世紀に存在したのは「階級」だろう。画然とした階級性が、なにものでもない大衆存在に溶解してしまう必然性を第一次大戦は西欧にもたらした。映画『大いなる幻影』は、そうした二〇世紀的な必然性に抵抗する一九世紀的理念の悲劇を主題化していた。ナポレオン戦争の時代とは異なって、機関銃や毒ガスなどの大量殺戮兵器を前にしては、貴族出身も労働者出身も区別などありえない。だれもが平等に二〇世紀的に無意味な屍体に変わる。塹壕戦において階級的な文化の差異は消滅した。プルーストに特権的な記憶を保証していたコンブレが、塹壕戦のローラーに引き潰されて完璧に消滅したように。そして大衆の時代が到来する。

オルテガ・イ・ガセットが予感したように、大衆とは二〇世紀的な存在だ。その前では、一九世紀的な精神性などなにものでもありえない。凡庸な大衆存在は、一九世紀的な精神性、階級性、特権性を解体してしまう。日本においても事態は同様であり、欧州大戦の塹壕戦の死者を範型とする大衆が匿名化された大量性で圧倒的な存在感を発揮しながら、大衆文学の隆盛という形態において一九世紀的な文学を駆逐しはじめる。いわゆる純文学が、こうした大衆文学の興隆のリアクションとして生じた点については、もはや繰り返す必要はないだろう。

大正後期から昭和初年代における大衆文学には、それ自体として日本の二〇世紀を特徴づける二項対立が刻まれていた。二〇世紀の時代的必然性において、文学を純文学にまで追いつめた大衆文学ではあるが、その大衆性は依然として底の浅いものたらざるをえない。オルテガが恐怖したグロテスクな大衆存在は、第一次大戦の無名の死者の堆積として確かな実在感を発揮していた。しかし日本では、だれひとりとして塹壕戦を苛酷に経験してはいない。昭和初年代の日本の大衆は、塹壕戦の屍体において不可避的に根拠づけられたものではない。それは、少しばかりの弾圧や風向きの変化で、たちまち「皇国の臣民」に先祖返りしかねない脆弱な存在でもあった。

戦前における日本の大衆が、底の浅い疑似的なものであった分、大衆文学はその内部で、おのれの存立根拠を問わなければならない必然性を強いられていた。そして大衆文学の内部において、このような二〇世紀的な設問を問うことができたのが探偵小説だった。探偵小説とならんで人気あるジャンルだった時代小説の世界で、こうした深刻な自問がなされた形跡はない。探偵小説における本格論争と芸術論争は、以上のような文脈で把握されなければならない。

5

本格論争の起源は、萩原朔太郎の「探偵小説に就いて」（大正十五年）に見ることができる。その冒頭で朔太郎は、「コナン・ドイルに熱中した昔もある。今ではもう退屈だ。犯罪があり、手がかりがあり探偵が出る。ああいふ型の小説を探偵小説といふならば、もう探偵小説はたくさんだ」、「所謂探偵小説は、一のマンネリズムにすぎないだろう。どれを読んでも同じことだ。ちやんと型が決まつてゐる。もう好い加減に廃つたらどうだ。読む方でも飽き飽きした」という探偵小説批判を語っている。

朔太郎が江戸川乱歩の初期作品のなかで、探偵小説の将来に「明るい希望を感じる」と評価したのは、たとえば「赤い部屋」や「人間椅子」だった。反対に、初期乱歩における本格短篇の傑作として名高い「二銭銅貨」や「心理試験」は、「要するに『型にはまつた探偵小説』ぢやないか。西洋の風俗を、単に日本の風俗に換へたといふだけの相違であつて、すでに僕等の飽き飽きしてゐるコナン・ドイル的の探偵小説にすぎないのだ」と否定される。

しかし、朔太郎がドイルのホームズものに代表される「型にはまつた探偵小説」を否定したとき、イギリスではクリスティ『スタイルズの怪事件』とフリーマン・クロフツ『樽』(一九二〇年)が、あるいはA・A・ミルン『赤い館の秘密』(一九二二年)、フィルポッツ『赤毛のレドメイン家』(一九二二年)、A・E・W・メースン『矢の家』(一九二四年)、フィルポッツ『闇からの声』(一九二五年)およびロナルド・ノックス『陸橋殺人事件』(一九二五年)などの傑作群が続々と書かれていた。朔太郎はようするに、第一次大戦を通過した精神がポオのミステリ詩学の先鋭化や、ドイル的な探偵小説の再解釈において、おのれを必然的に表現しはじめたという二〇世紀的な事態についてほとんど理解しえていない。それは情報不足や時代的な限界というよりも、肉屑の山と化した塹壕戦の死者に直面することなく安穏と暮らしえた当時の日本人の、無知というよりも時代感性の限界として捉えることができる。

小林秀雄にも同様の限界性が否定できない。小林など第一次大戦前の西欧モダニズムを日本人としては先駆的に受容しえた文学者のなかに、絶対戦争を経験した大戦後の西欧精神とりわけモダニズム運動について、的外れな認識を示した者は少なくない。アルテュール・ランボーもドストエフスキイも大戦前(一九世紀)において、確かに大戦後(二〇世紀)

の精神を先取りしてはいるのだが、それらを、事実として絶対戦争を体験した世代の不可避的な芸術表現と等置するわけにはいかない。

萩原朔太郎は次のように結論している。「推理だけの、トリックだけの、機智だけの、公式だけの小説は、もはやその乾燥無味に耐へなくなつた。我々は次の時代の要求してゐる、次に生まれるべき新しい文学を熱望してゐる」と。しかし、乱歩作品において朔太郎が評価する、「赤い部屋」や「人間椅子」などの「新しい作品」は、近代小説としての達成度の評価は控えるとしても、実際のところ「新しい作品」とはいえない。朔太郎が否定した「推理だけの、トリックだけの、機智だけの、公式だけの小説」にほかならない「二銭銅貨」の方に、日本における二〇世紀精神の足音はかすかに木霊していたと、今ならば評価することも可能だろう。

欧州大戦後に精神形成を遂げたプロレタリア文学者の平林初之輔は、一九世紀の社会主義と二〇世紀の共産主義（ボリシェヴィズム）の時代的な落差を的確に把握していたように、大戦後にジャンル的な自意識を確立した探偵小説の二〇世紀性について、萩原朔太郎よりもはるかに正確な理解を示している。平林は朔太郎が否定した「型」の探偵小説をむしろ肯定する。反対に「赤い部屋」や「人間椅子」に象徴されるようなそれを作品としては評価しながらも、二〇世紀文学である探偵小説の方向を示すものとしては承認しない。

たとえば平林は乱歩の「踊る一寸法師」と「白昼夢」、小酒井不木の「恋愛曲線」、横溝正史の「広告人形」、そして城昌幸の「意識せる錯覚」などをあげて、「以上の四人は、少くも最近に於ては、精神病理的側面の探索に、より多く、若しくは全部の興味を集中し尋常な現実の世界からロオマンスを探るだけで満足しないで、先づ異常な世界を構成して、そこに物語を発展させようとするやうなところが見える」、「人間の心理には不健全な病的なものを喜ぶ傾向は殆どインネートなものだから探偵小説に、かやうな一派が生ずることは自然なことであらう」、「この不健全派に対して、健全派ともいふべきものが対立して考へられる」（大正十五年「探偵小説壇の諸傾向」）と評している。同年に発表された文章でありながら、萩原朔太郎と平林初之輔の見解には鋭角的な対立が無視できない。朔太郎が探偵小説における「新しい作品」として評価するところで、平林はそれを「不健全派」と名付け、存在自体は否定しないまでも探偵小説の将来を託するには不足があるとして退け、次のように結論する。「蒸せかへるやうなペンキ画の道具立て、白粉の女、安葉巻の煙とカクテールの複雑な味――さういふ雰囲気も確かに一つの魅力をもつてゐるであらう。しかし、さういふ雰囲気の中に長くつかつてゐると、外へ出て腹一ぱい酸素を吸ひ度い慾望が誰にでも起こつて来るであらう。それと同じ意味に於て、私は健全派の探偵小説の今一段の発達を希望するのである」。

以上のように提起された「健全―不健全」の対項が、「本格―変格」の対項に発展しながら、昭和初年代のミステリシーンで活発な論議を呼ぶことになる。大戦間において生じた、二〇世紀的な質をもつ英米探偵小説の現代的な意味を察知し、それが従来「探偵小説」として曖昧に一括されてきたドイルやルブランの作品とは、時代的に異なる水準にあることを明らかにしようとしたのが浜尾四郎や井上良夫だった。たとえば浜尾は「探偵小説を中心として」（昭和七年）で次のように語っている。

探偵小説プロパアは近代にあつてはポーに端を発し、種々の人々の手を経てドイルの手に渡つた。ドイルが『スタデイ・イン・スカーレツト』のスタートは寔にめざましきものがあり、次いで彼のシヤーロツク・ホームズ物に於いて殆ど完成の域に達してしまつた。巨峰ドイルをめぐつてフリーマン、クリステイー、ドウーゼ等といふ作家が等しくこの本道を辿つて来たが、ヴアン・ダイン出るに及んでドイルに比すべきアルプが出現した。実に彼はそのペダントリーにも不拘、雲にそびゆる最高峰であつて彼は餘りにも完全に探偵小説を雲の上まで引きあげてしまつた。（略）換言すれば、ヴアン・ダイン出現の結果は、探偵小説本道が餘りにもはつきりと指示されてもはや他の道を探す餘地がなくなつてしまつたのである。

さらに井上良夫は「探偵小説の本格的興味」（昭和十年）で、「プロット構成より生ずる論理的面白味」および「デテクション側の論理的興味」の二重の視点から、周到な本格論を展開している。

本格論争において一派をなしたのが、浜尾や井上とも観点を共有する甲賀三郎だった。探偵小説家を自称する作家の書いた作品のほとんどが、厳密には探偵小説ではないと甲賀は批判する。「要するに探偵小説は分類上飽くまで探偵小説であり、現在のいわゆる探偵小説家は、全然探偵小説を書いていないと、ハッキリいえると思う」（昭和九年「探偵小説の話」）、「私が探偵小説の名から排斥しようというのは、所謂変格探偵小説として、勿論犯罪らしきものさえないものをいう」（昭和十年「探偵小説講話」）と主張した甲賀に、海野十三が「凡そ探偵趣味の入っているものは全部これを探偵小説の名で呼んでいいのではないかと考える」、「私はわが国の探偵小説に変格の多いことをそんなに慨いてはいない。

むしろ変格の多いという事に探偵小説の将来性を認めている」（昭和九年「探偵小説管見」）と反論した。以上のように両者の対立は、直接には探偵小説の定義問題から生じているが、その背後に何を目指すべきかという展望の相違があることはいうまでもない。甲賀は他のジャンルに還元されない探偵小説の純化を主張しているのだが、海野の見解は先に引いた萩原朔太郎のそれに共鳴するものであり、ようするに「変格の多いという事に探偵小説の将来性を認めている」という言葉に示されている。

本格論争における本格派の立場が、英米における大戦間の探偵小説の新潮流を前提としていることは疑いえない。甲賀の背後には、S・S・ヴァン・ダインを最右翼としたフレイドン・ホヴェイダのいわゆる「純粋主義者」が存在し、探偵趣味を掲げる「変格」派は昭和初年代の時代精神の過渡性を忠実に反映している。変格は非＝本格という消極性においてしか定義されえないため、それに分類される作品の傾向はあまりにも多様だが、今日でも評価に耐える種類の作品には一定のモチーフを認めることができる。たとえば変格作品の特徴として「蒸せかへるやうなペンキ画の道具立て、白粉の女、安葉巻の煙とカクテールの複雑な味」と平林に揶揄されているのは、一九世紀のパリに起源をもつ「都市の神話化」に由来する文学性だろう。

七月王政期に新聞小説作家として活動したアレクサンドル・デュマ、オノレ・ド・バルザック、ウージェーヌ・シューなどは、アメリカの冒険小説作家フェニモア・クーパーの『モヒカン族の最後』に影響され、たとえばデュマはパリを舞台とした冒険小説『パリのモヒカン族』を書いた。辺境の密林は都市の貧民街に、蛮族や猛獣は凶悪な犯罪者に、そしてヒーローはビーバーの帽子を被った冒険家から探偵の原型をなす遊歩者（ボードレールの「フラヌール」）にという具合に、作品の諸要素は構造的に置換されている。ヴィクトル・ユゴーの大作『レ・ミゼラブル』にさえ、たとえばサン・ドニのバリケード戦や地下水道を彷徨うジャン・バルジャンなどに都市の神話性は濃密に感じられる。この傾向の作品で最大の成功作がシュー『パリの秘密』であり、リュパンもファントマもその後継者として位置づけられる。「神話ははじめ、夜、周辺地区、未知の路地、未踏の地下墳墓などを用いるだけであった。やがて神話は急速に都会の煌々たる光の中心部を獲得するにいたる」（ロジェ・カイヨワ『神話と人間』）。リュパンの活動するルーブル美術館やパリ警視庁は、カイヨワによれば「神話に選ばれた地点」なのだ。

以上の視点から初期乱歩の幻想小説や奇譚小説と、『孤島の鬼』以降のスリラー長篇とを変格作品として統一的に捉えることも可能になる。前者では群衆都市の雑踏にさらされた自意識が探究され、後者では群衆都市が『蜘蛛男』や『魔術師』のようにシュー的・ルブラン的な都市型冒険小説（犯罪活劇小説）の舞台になる。それが裏返されるとき、たとえばリュパンが『三十棺桶島』でドルイド教の司祭が君臨するブルターニュの孤島に出現するように、前近代的な「闇」があらためて主題化されることにもなる。そこで小説的装置として導入されるのが、平林初之輔ふうに列記するなら「荒涼とした風景、崩れかけた城館、因習的な村人、異様な伝説、濃密な血と狂気、鏡と人形と洞窟」などの背景や意匠だ。ようするに反近代の闇を偏愛するゴシック趣味。しかしその闇は、ロマン主義者が反近代の牙城として依拠した中世的自然それ自体ではない。それはあくまでも、ロマン主義の解体以降に再構成された近代的な闇なのだ。

戦前の変格作品を特徴づけるものとして、しばしば猟奇趣味、変態心理、耽美、怪奇、煽情性、残虐性などの評語が用いられてきた。それら曖昧に探偵趣味と呼ばれていた傾向は、つまるところ以上の二点に起因している。そうした探偵趣味であれば萩原朔太郎には当然のこと、谷崎潤一郎にも佐藤春夫にも見いだされるに違いない。どちらかといえば萩原朔太郎と佐藤春夫の場合は前者に、谷崎の場合は後者に比重が置かれているにしても。

大戦間の英米でも、都市の神話やゴシック小説的な闇を扱う探偵小説が絶滅したわけではない。むしろヴァン・ダインが非難したように、その種の疑似探偵小説は依然として広範な読者を獲得していた。純粋主義者ヴァン・ダインは、こうした傾向を排撃して、「以上四つの種類の文学的娯楽のうち、推理小説がいちばん若くて、いちばん複雑で、構成がいちばんむずかしく、いちばん明確な特徴をそなえている。事実、ほとんどsui generis《スイ・ジェネリス》（独自）といっていいほどで、いっそう全般的な構成上の特質をのぞいて、その同類項の小説――ロマンス、冒険、神秘を扱った小説と、ほとんど共通点を持たない」（ウィラード・ハンティントン・ライト「探偵小説論」）と主張した。ヴァン・ダインが探偵小説から追放したのは、探偵趣味とも共通するところの冒険小説や「謎の小説」のみではない。「推理小説は、ふつうにいう意味での小説の部類にははいらず、むしろ、謎々のカテゴリーに属しているからである。じじつ、推理小説は小説の形をかりた複雑で、拡大された謎である」という具合に、小説的な奥行や興味それ自体までをも探偵小説の世界から追放してしまう。そうなれば「盗まれた手紙」でさえ、「哲学や数学の長たらしい、いくぶんか重苦しい分析がある」として、その不純性を糾弾されるのは必然的な結果だろう。

探偵小説＝非芸術論や探偵小説＝ゲーム論は、ヴァン・ダインによる極端な結論の産物ではあるにせよ、それらを言葉通りに理解すると奇妙なことになる。この作家の実作それ自体が、純粋主義的な探偵小説概念を裏切っているからだ。ヴァン・ダインは「スペインの城《シャトー・アン・ネスパーニュ》」という比喩で探偵小説におけるゴシック趣味を表現し、それを全面的に否定しているのだが、『グリーン家殺人事件』のグリーン屋敷や『僧正殺人事件』のマザーグース童謡は、探偵趣味の第二の面に由来するものとしかいえない。ルカーチ主義や福本イズムが大衆から党を分離したように、ヴァン・ダインは探偵小説を「ロマンス・冒険・神秘を扱った小説」など広義ミステリ小説から分離し、純粋化しようと努めた。同時にヴァン・ダインの『僧正殺人事件』やクイーンの『エジプト十字架の謎』は、一九世紀的な「探偵趣味」を二〇世紀的な探偵小説の世界に有機的に内在化しえてもいる。そのように処理されることで古典近代的な「探偵趣味」は二〇世紀的な水準に引き上げられ、かろうじて現代的なものたらしめられた。理論と実作の必然的な齟齬のなかに大戦間の英米探偵小説の微妙な均衡と、それによる高水準の達成が見出されなければならない。しかしヴァン・ダインの言葉を額面通りに捉えた日本の本格論者は、その実作の魅力を真に理論化することには失敗した。

このような事実のなかに、昭和初年代における日本の時代精神の過渡性を見ることができる。本格論争の直後に展開された芸術論争もまた、大戦間の英米探偵小説の本質を誤解したところから生じている。探偵小説＝非芸術論に帰結したヴァン・ダインのリゴリズムは、探偵小説を一九世紀的な芸術概念から切断しようとする意志に由来している。独創的ならざる美術批評家ライトがそれをどこまで理論的に対象化しえたかは疑問だが、個性的な探偵小説家ヴァン・ダインにとってそれは自明であったに違いない。あえて探偵小説は「小説」ではなく「小説の形をかりた複雑で、拡大された謎」だと断定したとき、その脳裏には、人間が瑣末な「もの」にまで還元されてしまう塹壕戦の、二〇世紀的な経験が深刻な影を落としていたのだろう。この時代に、芸術は「ゲーム」あるいは「パズル」に解体されなければならない。

同様の事例は舞踏にも見出される。第一次大戦の勃発直前にパリ公演がおこなわれたディアギレフ・バレエ団の「春の祭典」において、古典近代的な舞踏にはすでに死亡宣告が下されていた。「春の祭典」の作曲はストラヴィンスキー、主演はニジンスキーだった。しかしストラヴィンスキーとニジンスキーの前衛舞踏さえも、大戦後には現実に追い越されてしまう。ワイマール期のベルリンで盛大に流行したヌードダンスや、レヴューのラインダンスは、前者では人間をオブジェとして表現すること、後者では人間を機械運動の歯車のごときものに還元する意志において、二〇世紀的な舞踏の水準を達成した。

事態がこのように進行したとき、一九世紀的な芸術概念はすでに滅亡している。「芸術―通俗」の二項対立は時代的に失効した。ラインダンスの新しい舞踏観、その根底にある新しい人間観は、ナチズムのサイボーグ兵士の理想に、あるいはスターリン芸術理論を支えている「鋼鉄の人」のイメージに至近距離で共鳴するものだ。探偵小説は「芸術」ではない、「パズル」なのだと断定したとき、ヴァン・ダインは一九世紀的な人格性をパズルの項に還元する非情さの感受において、その時代的な必然性の認識において、塹壕戦から生じた二〇世紀精神に内在していた。

しかし探偵小説＝芸術論を唱えた木々高太郎には、こうした経緯が理解できていない。ある意味でそれは、論敵の甲賀三郎にしても同様だった。本格論争も芸術論争も昭和初年代という過渡期の混乱の産物であると、今ならば正当に位置づけることができる。戦前期の日本探偵小説は、人間をモノに暴力的に変貌させる二〇世紀的な事態に無自覚だった結果として、大戦間英米本格の意味を深い地点で理解することにも失敗した。同時に理論として主張された探偵小説＝ゲーム論が、実作としては多様な探偵趣味を統合することにおいて実現された意味をも捉えそこねた。

それでも本格論争や芸術論争が無意味だったとはいえない。「統制派―皇道派」や「山川イズム―福本イズム」や「純文学―大衆文学」など様々な二項対立として表現された昭和初年代の日本の過渡性を、大衆文学において内在的に再現した「本格―変格」および「芸術―通俗」の対立構図は、それを超えるための諸条件を時代的に可能な極限にまで突きつめ、その後の飛躍の前提を準備したともいえる。

Ⅲ 戦後探偵小説作家論

1 横溝正史論——論理小説と物象の乱舞

1

本論を含む雑誌連載は「戦後探偵小説論」と題されていた。戦後探偵小説論なる構想に、第二次大戦後日本の本格探偵小説を対象として論じるという、年代的な意味以上のものが含まれている点にかんしては、もはや明らかなことだろう。本書『探偵小説論Ⅰ』の観点では、探偵小説ジャンルそれ自体が、「戦後」という刻印を深々と押されたものとして存在している。

むろんそれは、新石器時代から一万年ものあいだ人類が飽きることなく繰り返してきた戦争一般の、一般的な「あと」を意味するものではありえない。探偵小説において問題になるのは、第一次大戦という人類最初の世界戦争とその戦後である。「グレート・ウォー」と命名された絶対戦争の経験を土壌としてのみ、探偵小説ジャンルは発生し確立されえた。

以上のような観点は、内外の探偵小説史を一瞥したとき、だれにも無視できないだろう歴然とした「問題」から直接に生じている。なぜ英米において第一次大戦後の二十年ほどのあいだに、いわゆる探偵小説の「黄金時代」が実現されたのか。なぜそれと同時代の日本で、多数の作家により執拗に目指された英米風の「謎と論理の本格探偵小説」（横溝正史）が、最後まで実際的な成果をあげえなかったのか。さらに英米と比較すれば二十年遅れで、なぜ第二次大戦後に日本にも本格探偵小説の黄金時代が到来しえたのか。内外の探偵小説史を検討してみるとき、以上はだれにも避けられない明らかな問題をなしている。

こうした問題が現在に至るまで、まったく意識されないできたとはいえない。当事者である江戸川乱歩や横溝正史にも窺われる発想は、単純化していえば一種の近代化論といえる。それはまた、近代日本の思想史において講座派マルクス主義をはじめ、丸山真男から大塚久雄に至る有数の学問的知性の結論を、ほとんど共有するものでもあるだろう。

ようするに「近代─前近代」という解読格子において、研究者には所与であるところの「日本的特殊性」を説明する発想。「近代─前近代」の図式は、「西欧─日本」や「資本制─封建制」などにも置換される。たとえば欧米風の二大政党制やリベラル・デモクラシーが日本社会に不在なのは、遅れて近代化した日本社会の前近代的な歪みや封建的遺制の結果だという結論。それは講座派マルクス主義や、その戦後的形態によれば「日本資本主義の前近代性・半封建性」という言葉で特徴づけられるし、講座派的左翼性と伴走してきた戦後文学の世界では「日本文学の私小説的貧困」とも批判されてきた。そこでは二大政党制の理想に対応するものとして、欧米風の本格小説や全体小説が憧憬を込めて理念化された。

いずれにしても日本と西欧の現実的な差異は、「近代―前近代」の解読格子で過不足なく解釈されてしまう。おなじことが探偵小説における例の問題にも適用されうる。つまり日本社会の近代化の遅れが、欧米における本格探偵小説の流行を二十年遅れで再現する結果をもたらしたのだ、という具合に。

日本の探偵小説批評家や研究家の大多数が、暗黙のうちにあの問題を、「近代―前近代」図式において解釈してきた事実は否定できない。しかし本当にそうなのだろうか。本論の観点は、それらとは端的に異なる。欧米が通過した第一次大戦を日本は正面から通過していない。あるいは無傷で通過したというべきかもしれない。これは歴史的な事実だ。

欧米が「グレート・ウォー」の戦後文学として探偵小説を生み出したとき、それを日本が稚拙に模倣することしかなしえなかった事態は、「近代―前近代」という文脈ではなく、第一次大戦を「通過―不通過」という新しい解読格子において了解されなければならない。だからこそ欧米では過去のものと化した本格探偵小説が、第二次大戦後の日本で旺盛に書かれ、また読まれる結果にもなる。なぜなら日本は、二〇世紀の世界戦争を第二次大戦においで、ようやく正面から通過したのだから。本格探偵小説が日本で第二次大戦後に興隆した事実は、日本の近代化の遅れに由来しているわけではない。

以上の仮説は、近代化論を暗黙の前提とした諸々の探偵小説論に正面から異議を唱えるものだ。たとえばハワード・ヘイクラフト『娯楽としての殺人』を代表例として、司法権力が近代的に合理化されていない後進国では、探偵小説は成立する基盤をもたないという種類の説が存在する。見込み捜査や拷問による自白が通例であるような近代化されていない国では、厳密な推理と実証を物語の骨子とする探偵小説は存在する前提を欠いているというわけだ。

しかし、それが結果論でしかないのは明らかだろう。少なくともイギリス、アメリカ、フランスでは、一九世紀の後半から近代的な市民社会が成立していた。自由で平等な市民社会では司法権力は合理化されている。少なくとも、そのような建前が社会全体に共有されている。むろん拷問や見込み捜査は法律的にも否定されていた。しかし、英米においてさえ、探偵小説がブームになるのは第一次大戦後のことなのだ。おなじ条件が社会的にあたえられていたのに、なぜ「グレート・ウォー」以前と以降に、探偵小説をめぐる巨大な分水嶺が存在しなければならないのか。社会学的な俗論は、この設問に妥当な解釈をもたらすことができない。

もうひとつ実例をあげてみよう。アメリカが第二次大戦後に、半封建的な独裁国に転化したという歴史的事実はない。にもかかわらず、この国で大戦間に隆盛をきわめた種類のオーソドックスな探偵小説は、第二次大戦後にミステリの主流の座を失っている。さらに世界で最初の近代的な法治国家を大革命において達成したフランスで、第一次大戦前も大戦後も本格探偵小説がミステリ文学の主流をなしたことがないという謎も、ヘイクラフト説では妥当に説明することが困難だ。

ジャンルとしての探偵小説はダダイズムや表現主義などのモダニズムと同様に、第一次大戦の無意味な屍体の山を目撃して生じた二〇世紀的な文学運動、芸術運動なのだ。むろん、それはゼロから出発したものではない。無視できない先行者としてエドガー・アラン・ポオがいるしコナン・ドイルもいる。『ルコック探偵』もあれば『月長石』もある。だが、それらの蓄積が固有のジャンルとして概念化されえたのは、なによりも第一次大戦という衝撃的な時代経験による。

本論では、戦後探偵小説の第一人者である横溝正史の作品を中心に、日本における探偵小説の本格的な成立に第二次大戦という絶対戦争の経験が、どのような影を落としているのかを具体的に見ていきたい。

戦前の横溝正史の作風は、第一作「恐ろしき四月馬鹿《エイプリル・フール》」などモダンな都会的雰囲気の短篇、「山名耕作の不思議な生活」などユーモア小説やナンセンス小説の系列、そして「面影双紙」から「鬼火」や「蔵の中」に至る草双紙趣味を生かした耽美小説、怪奇小説、猟奇小説、さらに私立探偵由利が活躍する「仮面劇場」などの犯罪活劇小説、等々と時期を追いながら多彩に変遷している。同盟国のドイツ、イタリアで探偵小説が禁止された影響から日本でも情報局の統制がはじまり、探偵小説の発表の場を奪われた正史は人形佐七を主人公とした捕物帳を書くことになる。意外な結末を狙った短篇から猟奇小説や捕物帳まで、探偵小説趣味と決して無関係ではない多様な作品を書いた戦前の正史だが、それらは乱歩の指摘にあるように「いずれも論理小説とは称し得ないもの」といわざるをえない。だが、それら戦前作品のなかで唯一、作者が英米風の本格探偵小説に挑戦した作品だと明言しているのが『真珠郎』だ。

> いずれにしても私はそのころ（昭和七年前後――引用者註）、英米探偵文壇ではいま

や、百花繚乱として謎と論理の本格探偵小説が咲き匂っていることを知り、大いに刺戟されざるをえなかった。（略）しかし、こういうと自己弁護めいてきこえるだろうが、乱歩さんの「二銭銅貨」が現れるまで、日本人には探偵小説の創作はむりであろうと、世間できめてかかっていたように、私にもしこういうスタイルの長編を書く才能があるとしても（もちろん、そんな自信は毛頭なかったが）日本のジャーナリズムにはとてもうけいれられないだろうと、私はかってにきめていた。

しかし、私もいちど試みてみたことは試みてみたのである。それが「真珠郎」である。あれはエラリー・クイーンの『エジプト十字架の秘密』からヒントをえて書いてみたのだが、謎と論理の本格探偵小説としては、はなはだお粗末なもので、私の幼時からもっているおどろおどろしき怪奇趣味だけが、いやに浮きあがった作品になってしまった。

（「私の推理小説雑感」）

「だから、けっきょく、それらしき作品が書けるまでには、戦後を待つよりほかにしかたがなかったのである」と正史は結論している。行論からは、日本の小説ジャーナリズムの前近代的な未成熟が、本格探偵小説の誕生を妨げていたという、正史もまた無縁とはいえない一種の近代化論を読むことができる。

　ところで江戸川乱歩は、『真珠郎』について「論理の部分に甚だ物足りないものがあり」、「英米のそれとはどこか違った味のもの」（「『本陣殺人事件』を評す」）と述べていた。おなじように作者は、「謎と論理の本格探偵小説としては、はなはだお粗末なもので、私の幼時からもっているおどろおどろしき怪奇趣味だけが、いやに浮きあがった作品」と否定的な感想を洩らしている。ようするに作者自身が、「謎と論理の本格探偵小説」と「おどろおどろしき怪奇趣味」に引き裂かれていた。乱歩の評における「論理の部分に甚だ物足りないもの」や「英米のそれとはどこか違った味のもの」もまた、同様の対立関係を指したものと理解できるだろう。以上は「近代―前近代」、「西欧―日本」、等々の近代日本を支配した二項対立の構図に精神史的に照応している。

　日本最初の本格探偵小説の傑作と乱歩に評された『本陣殺人事件』では、正史のいわゆる「謎と論理の本格探偵小説」と「おどろおどろしき怪奇趣味」の両極が作品空間において緊密に統合されているのだが、なにを契機としてそのような画期的ともいえる飛躍がもたらされえたのか。これについて考えるために、「論理の部分に甚だ物足りないものがある」と評された『真珠郎』の限界性について検討してみよう。要約すれば正史も乱歩も、作品の「怪奇趣味」が「本格」部分の必要な展開を妨げていると否定的に評価している様子なのだが、そうした感想は妥当なのだろうか。

　たしかに『真珠郎』には、探偵小説的な論理の骨格が希薄だ。この点は作者自身がそれからヒントをえたと証言している、エラリー・クイーンの『エジプト十字架の謎』と比較してみれば明らかだろう。国名シリーズの傑作『エジプト十字架の謎』は、第四の殺人現場に残された二つの証拠物件（「血とヨードチンキで汚れた、輪になった包帯」および「ヨードチンキの大きな青いガラスびんと、それから数フィートはなれて、床にころがっていたコルクの栓」）から導かれる設問「すると、犯人は、あのびんの中身がヨードチンキだということを、どうして知ったのでしょうか」と、それへの唯一の解答を中心に作品全体が厳密かつ論理的に構成されている。包帯は首なし屍体の手首に巻かれたものではない。犯人が怪我をして巻いたものに違いない。犯人は瓶にラベルのあるマーキュロクロームではなく、ラベルがないヨードチンキを治療のために利用している。犯人はあらかじめ薬の中身を知りえた者だ。それは小屋の所有者のアンドルー・ヴァン以外ではない。従って犯人はアンドルーである。

　第四の事件の犯人が被害者に見せかけられたアンドルーだと「証明」された時点で、それまで見えていた事件全体の像が一挙に裏返しにされる。犯人として名指されていた復讐者クロサックが、じつは最初の首なし屍体の主であることが判明するのだ。ヨードチンキにかんする設問と解答は一本の糸に過ぎないが、それを引くことで山をなした証拠や証言や四つの事件の錯綜した全体が一瞬にして音をたてながら崩れ落ち、その背後から唯一の真相が相貌をあらわにするという構成。『エジプト十字架の謎』を含めた初期クイーンの傑作は、しばしば一本の論理の糸を引くことで巨大な迷宮が瞬時に崩壊するカタルシスを読者に味わわせるのだが、乱歩の言葉を借りるなら、それこそ「論理一点張り」の「英米推理小説」の醍醐味ということになるだろう。

他方、おなじような「顔のない屍体」トリックを採用しているのだが、『真珠郎』に『エジプト十字架の謎』に匹敵するほどの論理的骨格は与えられていない。探偵の由利は、語り手の椎名の前に二つの首なし事件の直前に真珠郎が姿を見せていること、第三の事件では被害者の首は切断されていないこと、そして事後に真珠郎が犯行を告げる電話をしてきていることなどを指摘する。ようするに真犯人は、事件の周辺に真珠郎が出没していたと証言する椎名を必要としていた。「それはね、犯人は真珠郎であると思い込ませるためなのです。ということは、逆にいえば犯人は真珠郎ではないということになります」。これでは論理として雑駁にすぎる。読者はクイーン流の本格探偵小説のカタルシスを、結末において味わうことができない。

第三の事件で真珠郎が姿を見せず、また被害者の首が切断されていない事実は、たしかに事件の真相を暗示するものではある。真珠郎の替え玉が第二の事件の被害者であり、犯人は首なし屍体において自分を被害者に見せかけたのだから、第三の事件では真珠郎は登場しえないし、またその被害者の首も切断される必然性がない。

とはいえ緻密に構成された謎の論理的な解明は、『真珠郎』では、ほとんど達成されていない。なんとか辻褄を合わせているという水準だろう。最後まで探偵由利は、以上のような事実について語り手に、そして読者に注意を促すに過ぎない。謎解きは探偵の口から語られないまま、犯人の手記で代行される。たしかに作者自身が否定的に評価しているように、「謎と論理の本格探偵小説としては、はなはだお粗末なもの」というしかない。

だが、それでも問題は残されたままだ。『真珠郎』が本格探偵小説として『エジプト十字架の謎』に及んでいないと結論してみても、なにも明らかにはならない。「作家としては性格として論理一点張りの小説は好まない、若しくは書きこなし得ないのではないか」という横溝正史に対する疑念を後に乱歩が撤回しているように、論理的構成力の有無という作家的個性に還元して両作の相違を根拠づけることもできそうにない。戦後『真珠郎』の作者は、英米の黄金時代の傑作にも比肩する『本陣殺人事件』を完成しえている。残された問題に答えるためにも、『エジプト十字架の謎』に存在して『真珠郎』に欠けているものは論理性だと大雑把に整理する前に、前提的な諸点についてより詳細に検討してみる必要がある。

2

先にも述べたように『真珠郎』は、「顔のない屍体」トリックを『エジプト十字架の謎』と共有している。このトリックの原型は、「モルグ街の殺人」と同年のチャールズ・ディケンズ『バーナビー・ラッジ』にあるといわれるが、探偵小説の世界ではありふれている「顔のない屍体」を、クイーンは新しい背景と意味づけのもとに再提出しえている。第一にそれは、首なし屍体を「T」の図形に還元したことだろう。最初の事件は「アロヨの近くで起こった奇怪な犯罪――ユナイテッド・プレス通信社が、いみじくも、《T《ティー》殺人事件》とレッテルをはった犯罪」として紹介される。

被害者の上向きにされたたなごころには、四インチの鉄くぎがうち込まれて、風雨にさらされた道標の腕木の両端にとめられていた。死体の両足は道標の柱の下方でそろえて、さらに二本の鉄くぎがくるぶしに突きささっていた。両わきの下には、さらに二本の鉄くぎが打ちこまれて、死体の重みをささえており、その結果、首は切り取られていたので、死体はあたかも大きなTの字のかたちをしていた。

道標もTのかたちをしていた。交差路もT字形である。交差路からほど遠くないヴァンの家の扉には、殺人犯人が被害者の血でもって、Tの字をなぐり書きしていた。そして、道標には、この狂人の着想による、人間のTの字……。

首なし屍体は、最初に「T」の図形に還元され、第二に道標、交差路、血文字など多数の「T」のあいだに置かれる。そこから探偵クイーンは、事件の背後にエジプト十字架のシンボルに執着する宗教的な動機が潜んでいるのではないかという、誤った解釈に導かれたりもする。

以上を探偵小説の作法として考えるなら、首なし屍体を扱いながら、通例である犯人と被害者の入替えトリックでは「ない」と読者に信じさせるための新趣向といえる。作者は「顔のない屍体」トリックを、ポオの「盗まれた手紙」やチェスタトンの「折れた剣」のトリックと二重化することから、新機軸を打ち出そうとしたのだろう。手紙は状差しに隠せ、「小枝は森に隠せ」。同様に首なし屍体は、「T」の図形に還元した上で多数の「T」のなかに……。さしあたり、このように考えることができる。

「顔のない屍体」は被害者のアイデンティティを宙吊りにする小説的な設定といえる。人間は「名前」と同様に「顔」において、他人とは交換されえない固有性を保証されるからだ。古典的な「顔のない屍体」トリックでは、しばしば「双子」トリックと同様に、被害者と犯人の入替えがおこなわれる。結果として被害者は贋のアイデンティティを押しつけられ、犯人はアイデンティティを持たない空虚な存在に変身する。アイデンティティを持たない人物とはなにものでもない私だ。裁判の冒頭では被告席の人物と被告の名前が同定される。法秩序は名前というアイデンティティをもつ固有の一個人しか、その支配下に置くことができない。固有の名前をもたない私とは、法秩序の外部に逃れさる空虚な私なのだ。

ヴァルター・ベンヤミンが「ボードレールにおける第二帝政期のパリ」で指摘している

ように、探偵小説の犯人は都会の雑踏に紛れ込み、犯罪の痕跡は群衆のなかに消滅する。固有の私を匿名化された群衆のなかに溶解させることで、犯人は罪を免れようとする。なぜなら殺人者というアイデンティティは、当人にとって致命的だから。彼は殺人者であることを隠蔽するため、そのアイデンティティを無化しなければならない。砂丘のような群衆のなかの一粒の砂に変身することで、固有の名前を、固有の顔を、ようするに私のアイデンティティを消滅させようと努める。ポオの『マリー・ロジェの謎』が明らかにしているのは、そのような「探偵小説の根源的な社会的内容」にほかならない。

入替えトリックのために犯人が被害者の首を切り、その顔を隠滅するのは、殺人者というアイデンティティから、犯人である自分の名前から解放されるためなのだ。だが炯眼な探偵の推理で入替えトリックは暴かれ、犯人は罪など問われようのない匿名の私から、名前のある固有の私に引き戻される。法秩序のもとにあるアイデンティティが、このようにして回復される。

犯人が匿名の群衆のなかに姿を消してしまうこと。犯人が被害者の首を切ることで被害者になり代わり、おのれの名前を法秩序のもとから抹消してしまうこと。それらは「探偵小説の根源的な社会的内容」を意味的に共有している。探偵は現場に残された微細な痕跡を辿り、そして犯人を発見する。あるいは入替えトリックを見破り、死んだと思われていた人物が生きている事実を暴露する。こうして宙吊りにされたアイデンティティは、ふたたび安定した地盤に立つことができる。近代的人間（固有の私＝顔と名前をもつ私）は危機を脱し法秩序は回復されるだろう。

『エジプト十字架の謎』も「顔のない屍体」トリックを踏襲している点で、以上のような「探偵小説の根源的な社会的内容」と無縁ではありえない。クイーンは被害者と犯人の入替えトリックに犯人（アンドルー）、最初の被害者（クロサック）、第二の被害者（クリング）と、カードを三枚用意して順に入替えるという複雑化をほどこしているが、基本は同型的だ。顔を失い名前を失い、殺されたように見えたアンドルーが、じつは真の犯人だったことが明かになって作品は終幕を迎える。だが『エジプト十字架の謎』において、危機に瀕した近代的人間は本当に回復されたのだろうか。

首なし屍体が顔＝名前というアイデンティティを奪われている以上に、たんなる図形に還元されるクイーンの設定は、その図形がおなじ図形の山のなかに埋もれてしまうという第二の設定においてより徹底化されている。そこには固有の死、尊厳ある死という近代的な理念に冷厳な死亡宣告を下した、第一次大戦の過酷な経験が影を落としているのではないか。

アガサ・クリスティの『スタイルズの怪事件』では、「二〇世紀—外部—他人—イペリット・ガスによる大量殺人」という世界戦争を経過した不可避の現実が、「二〇世紀—外部—他人—ストリキニーネによる個人的な毒殺」の図式に置換されて作品空間を構成していた。この方法的な置換に探偵小説形式の秘密が刻まれている。過去の文学は「一九世紀—内部—家族（—ストリキニーネによる個人的な毒殺）」の世界に安住してきたが、そこから追放されたモダニズム文学は「二〇世紀—外部—他人（—イペリット・ガスによる大量殺人）」の苛酷な世界を正面から主題化しなければならない。たとえばフランツ・カフカが企てたように。しかし、おなじ時代性を強いられながらも、探偵小説はカフカ文学とは異なる戦略をとる。もはや過去の文学世界からは追放され、しかも未来のそれには到達しえていないという過渡的な条件のもとで、ほとんど唯一の活路として先に述べた方法的置換が試みられる。

ある意味では、それは不徹底な試みかもしれない。二〇世紀文学としての探偵小説形式の不徹底性は、それが大戦間の英米で主に隆盛した事実とも無関係ではない。たしかにイギリスとアメリカは、日本とは違って第一次大戦を通過している。しかし、その通過の仕方には微温的なところがある。ドイツやフランスやロシアのように、塹壕戦のローラーに国土を蹂躙されるという大戦経験の直接性を幸運にも免れえたのだから。プルーストの黄金郷コンブレはドイツ軍の砲撃で廃墟と化したのだが、クリスティの魂の故郷である避暑地トーキイはベルギーの被災民が群れをなしたり、仮設病院が傷病兵で埋められたりした程度で、少なくとも壊滅することは回避しえた。第一次大戦後にドイツの表現主義、フランスのシュルレアリスム、ロシアのフォルマリズムに対応する前衛芸術運動がイギリスとアメリカには生じていないのも、たぶん同様の理由からだろう。それを代補するものとして、英米では探偵小説が興隆したのだともいえる。

だから探偵小説形式は、必然的に不断の危機の裡にある。それは「ストリキニーネ」に象徴される一九世紀性と、「イペリット・ガス」に象徴される二〇世紀性のあいだで引き裂かれながら、前者において後者を表現するという離れ業を強いられているからだ。凡庸な探偵小説は過去の惰性力に引きずられて、大戦経験の表現という二〇世紀的な質を喪失する。しかし、さほど数多いとはいえない傑作は必ず、「ストリキニーネ」において「イペリット・ガス」を表現するという不可能な企てに挑戦し、それぞれに成果をおさめている。「顔のない屍体」にしても同様だろう。クイーンは犯人によるアイデンティティの作意的な無化と、その探偵による暴露という古典的な物語構造を再現するように見せかけながら、「二〇世紀―外部―他人」に該当する過剰性を作中に滞留させている。それが図形に還元された死者であり、さらに同じ多数の図形に埋もれた死者という不気味なイメージなのだ。この不気味さを擬似的にも解消しなければならないという衝迫が、エジプト十字架のシンボルと宗教的な犯罪なる誤った推理を探偵クイーンに強いたりもする。

被害者と犯人の入替えトリックを、二枚のカードで構成するか三枚のカードで構成するか。「顔のない屍体」トリックを単純に踏襲するか、それに「盗まれた手紙」のトリックを重ねて複雑化するか。探偵小説の技法に偏した観点からは、『真珠郎』と『エジプト十字架の謎』の相違は、たんに量的なものに過ぎないといえる。だが両者のあいだには第一次大戦を通過しているか、いないかという時代精神における決定的な断層がある。人間を図形に還元したり、それを他の図形と同列に扱ったりする意識は、塹壕戦の膨大な死骸の山を目撃した畸型的な時代精神の産物なのだ。最後に見いだされる犯人がすでに狂気に蝕まれており、必然的に法的秩序の枠外に置かれてしまうだろうことの暗示は、アイデンティティの回復物語から逸脱せざるをえない、戦後文学としての探偵小説の二〇世紀的な質を意味している。横溝正史は『エジプト十字架の謎』から、古典的な「顔のない屍体」トリックを学んだ。しかし第一次大戦を通過していない日本人の通例として、そこに込められている二〇世紀的な質について的確に捉えうる時代精神的な前提を欠いていた。

おなじことがクイーン作品の「論理性」にもいえるだろう。初期クイーンの場合、推理の特権的な鍵が、なんらかのモノに置かれていることが多い。それは『エジプト十字架の謎』では、いうまでもないだろうがヨードチンキの小瓶だ。第一作『ローマ帽子の謎』では殺人現場から持ち去られたシルクハット、また『Xの悲劇』では、ニコチン針を刺したコルクがそれにあたる。概してクイーン作品の論理性を支える支点は、そうした種類の特権的なモノなのだ。『真珠郎』の探偵は、犯人の作為がもたらした齟齬に注目する。それはクイーンにしても同様なのだが、違うのは『エジプト十字架の謎』の作者が、犯人による作為や齟齬をヨードチンキの小瓶という特権的なモノに封じてしまう点だろう。

探偵由利は、証拠や証言のあいだに見いだされる齟齬を犯人の、ようするに「人間」の隠された意図において読むのだが、探偵クイーンはモノ自体を執拗に注視する。犯行現場に残された証拠品を解釈するところに探偵の手腕と独創性が発揮される設定は、なにも目新しいものではない。だが、先行者のS・S・ヴァン・ダインさえをも超えてクイーンが到達したのは、事件の謎の一切が中心的なモノに集約されて出現するという過剰なフェティシズムだった。中心的な問題は人間にはない、モノにこそある。そうしたクイーンの時代的な確信が、『エジプト十字架の謎』の論理的骨格を土台において支えている。顔と名前と、そして固有の内面をもつ近代的人間の尊厳が、ボロ屑に等しい死骸の山に埋もれてしまう二〇世紀の経験こそ、クイーンのフェティシズム的論理性を可能ならしめている。

首なし屍体を「T」の図形に還元し、道標や交差路や血文字の「T」のあいだに紛れ込ませてしまう着想は、人間の死から固有性や尊厳性を剥奪してモノに変貌させる、「グレート・ウォー」の歴史経験から直接に生じたものだ。そして、しばしば称賛されるところのクイーン作品の論理性もまた。ようするに論理とは、抽象化された項と項を形式的に操作する方法なのだから。人間の屍体を殺人現場に残された無数のモノ——足跡、吸殻、弾痕、扉と窓、等々と同列のモノとして扱う視点が、クイーン的論理性の前提をなしている。『真珠郎』の作者に欠けていたのは、『本陣殺人事件』で作者自身が証明したように、生来の論理能力一般ではありえない。欠けていたのは二〇世紀文学としての探偵小説的「論理性」であり、その不可避の前提をなしているところの、人間をモノにまで還元する「非人間性」なのだ。

同時に初期クイーンの限界性もまた、そこにあるというべきだろう。『エジプト十字架の謎』の作者クイーンは、たしかに屍体をモノとして扱うという二〇世紀的な「非人間性」を獲得していた。しかしその作品空間には一点、一九世紀的人間性が曖昧に残されてもいる。それは探偵クイーンのキャラクターだ。探偵クイーンは無数の「T」図形の山にエジプト十字架の象徴を読んでしまう。無意味に意味を読もうとして誤る。あるいはモノの集積の背後に自己完結的な人間の意思を。探偵クイーンは人間の死までをモノとして操作する論理において、最後には事件の全体像を暴露しうるのであるけれども、最初に犯した誤謬の根拠を真正面から自己探究しようとはしない。

「いや、警視さん」と、エラリーは間のびした声でいった。「わたしはこの事件について本を一冊書きましょう。標題は、わたしにも、時には突発的に学があったことがあるのを記念して《エジプト十字架の謎》としましょう。そして、経費は読者に払ってもらうことにします」

以上の言葉で『エジプト十字架の謎』は閉じられる。主人公の「間のびした声」という一点に、作者クイーンの批評性は込められている。少なくとも作者は、探偵キャラクターのみが「人間」でありうるという不自然な特権性に完全に無自覚なのではない。だが、それ自体を主題的に探究するという徹底性には依然として達しえていない。それが初期クイーンの危機を次第に顕在化させる結果にもなる。人間がモノに還元されてしまう世界において、おのれのみが自己完結的な近代的主体でありうるという不自然性と倒錯性に、探偵クイーンもまた直面することになるだろう。

3

「三月九日の大空襲に恐れをなし」た横溝正史は、親戚に勧められて岡山の山村に疎開する。「なぜならば、岡山―瀬戸内海―孤島ととっさに脳裏にむすびついてきたから」である、「わたしの脳裏にはまだ『獄門島』はなかったが、瀬戸内海を舞台にしてカー式本格探偵小説を書こうという考えはすでに胚胎していたのである」(「片隅の楽園」)。日本最初の本格探偵小説『本陣殺人事件』や、多数の論者が正史の最高作と評する『獄門島』が生まれた背景には、しばしば作者自身から語られているように、第二次大戦末期から三年におよぶ疎開経験がある。兵庫出身で、作家生活のほとんどを東京で過ごした横溝正史には、それが「古い日本」と最初に直面した経験となる。

もうひとつの背景としては、戦時中に読んだディクスン・カーの影響がある。戦前から正史には、「ヴァン・ダインにしろ、エラリー・クイーンの当時のものにしろ、どこかしらわたしの趣味に抵触するところがあっ」て、「じぶんの探偵小説を書くとすれば、こういう形式のものを書こうと思わなかった」。戦前期に抜群の英米ミステリ通として知られていた正史だが、本格探偵小説の実作を試みようとした際も、これという手本を英米作家には見いだしえないでいた。しかし戦中に集中的に読んだカー作品が、『本陣殺人事件』の作者に決定的な影響を与えることになる。

正史はカー作品から、「ストーリー・テラー」でも本格探偵小説は書けるという確信を、不動のものとして得たのだと語っているが、その意味には多少とも不分明なところがある。物語作者としてぎこちないところのあるヴァン・ダインなら正史の言葉も理解できないことはないだろうが、凝集された論理の糸を一本でも引けば、それまで見えていた世界が瞬時にして裏返しになるというクイーンもまた、「ストーリー・テラー」と評価されて不自然ではないからだ。正史が問題にしているストーリー・テリングとは、たんに物語にメリハリをつけるという才能や趣向を意味するものではない。

正史の場合、ストーリーに興味を持たせるという要請は「おどろおどろしき怪奇趣味」と不可分だった。正史がカーから学んだものは、『真珠郎』において二律背反の関係を強いられた「怪奇趣味」の要素と「謎と論理の本格探偵小説」の要素とが、作品世界において有機的に一体化しうるという確信にあったといえるのではないか。ポオは正史のいわゆる「おどろおどろしき怪奇趣味」にも通じるだろうロマン主義的なゴシック趣味と、理知の文学としての探偵小説を意図的に分離していた。まだ「モルグ街の殺人」には残存していたゴシック趣味——怪奇小説の要素や海洋冒険小説の要素だが、それも『マリー・ロジェの謎』や「盗まれた手紙」では影をひそめている。

二〇世紀のマンハッタンに強引に移植された「アッシャー邸」ともいえるヴァン・ダインの「グリーン邸」、あるいはクイーンの『エジプト十字架の謎』に見られるペダンティックなオリエント趣味など。大戦間の探偵小説において、なかでもアメリカのそれにおいてロマン主義的なゴシック趣味は意図的に復活されるのだが、それらも正史の「怪奇趣味」はなお不徹底なものと感じられたのだろう。その点でカーのオカルト趣味、オリエント趣味、怪奇趣味は徹底している。カーの作風に正史が、わが意を得る思いをしたのも不思議ではない。

正史はカーにおいて、『真珠郎』では二律背反の関係を強いられた「おどろおどろしき怪奇趣味」と「謎と論理の本格探偵小説」の要素が、理想的な均衡関係を達成しうる可能性を学んだ。それが「ストーリー・テラー」なる言葉に込められている言外の意味だろう。

正史が自任しているように、『本陣殺人事件』では「近代—前近代」や「西欧—日本」の二項対立において表現されてきた矛盾関係が、探偵小説の世界に内在的なものとして理想的な調和を達成している。しかし、それが可能ならしめられた根拠は、依然として曖昧な水準に放置されているといわなければならない。美少年を代表格として横溝正史の美形趣味には、たしかに「趣味」としかいえない尋常ならざるものがある。たとえば『真珠郎』では、はじめて登場するヒロインの由美が次のように描写されている。

少女はきっと虹を見るためにその望楼まで出て来たのであろう。片手を額にかざし、もう一方の手を胸のうえにおいて身じろぎもせずにつっ立っている。少し長めにカットされた断髪が、首のあたりで極く自然な、美しいカールを作っていて、からだには炎えあがるような真紅のワンピースを着ていた。私たちのあいだにはかなりの距離があった。しかしそれでも私は、この少女のなみなみならぬ美しさを見てとるのに大した困難を感じることはなかったのである。

作者は、明らかに「おどろおどろしき怪奇趣味」にも通じる美形趣味に淫し、のめり込んでいる。「金色燦然たる折りからの夕焼け雲」を背景に、「少女の肌は爽やかな卵いろに輝いていた。少女の眼は、ふかい淵を思わせるような、濃い碧さに濡れていた。少女の手や脚は、なよやかな曲線をつくってのびのびと伸びきっていた」と描写される由美は、それ自体として自己完結的な美的存在だ。作者の意が込められている舐めるように執拗な描写が、どうしても凡庸なものに感じられてしまうのは、「極く自然な、美しいカール」とか「炎えあがるような真紅のワンピース」など比喩の通俗性によるものでは必ずしもない。それは結果に過ぎない。所与である美の理念が作者の内部で徹底的な懐疑にさらされえない結果、不可避に通俗的な比喩が文章にもたらされてしまう。

美女と蛆虫を二重化してしまうボードレール的な感覚は、最終的に「人間は人間である」に還元されるだろう多様なトートロジーの一端として、「美は美である」というトートロジーを拒否せざるをえない。ボードレールの卓抜な比喩は、「人間は人間ではない」、「美は美ではない」という近代的なトートロジーから逸脱してしまう歪んだ感性に根拠づけられている。むろん、そうした感性の背後には固有の尊厳ある人格が砂粒のような群衆に還元されてしまった、ある意味で最初の群衆社会だった第二帝政期のパリの時代性が影を落としている。

ようするに『真珠郎』の正史は泉鏡花や谷崎潤一郎など、日本的な偏差を強いられながらも近代的な人間性を信じていた近代文学的な水準に依然として安住している。美形趣味がそうであるように、その怪奇趣味もまた同様だ。あるいは稚拙な模倣者として、鏡花や谷崎の最低の鞍部を共有していたといえるかもしれない。というのは鏡花も谷崎も、通俗的な比喩を退けるという一点において、作者の意図をも超えながら「美は美ではない」という現代性にかろうじて触れえているのだから。

戦後の正史の文章には、『真珠郎』をはじめ「蔵の中」や「鬼火」に顕著に見られた、人間中心主義的な美的耽溺とは違うものがある。『本陣殺人事件』には、糸子、鈴子、秋子、克子など作中に多数の女性キャラクターが登場するが、歴然と「美女」と名指されるような人物は存在しない。作者の趣味を物語るような、思い入れを込めた、舐めるような「美形」描写にしても同様といえる。女性キャラクターの描写は、「ところで末子の鈴子だが、この娘はたいへん気の毒な娘さんで、両親の老境に入ってから産まれたせいか、日陰に咲いた華のように、虚弱で腺病質だった」という具合に、ほとんど冷淡にさえ感じさせるものだ。おなじことが美しいけれど知能に遅れがあるという点で、鈴子のキャラクターを展開したものと見なしうる『獄門島』の三姉妹にかんしてもいえる。

ひとしきりけらけらと笑いころげると、やがてひとりひとり取りすまして、座敷のなかへ入って来たのは、舞妓のような振り袖に、たかだかと帯をしめあげた三人の娘。敷居ぎわにべったり座って頭をさげたとき、髪にさした花かんざしが、幻のようにヒラヒラゆれた。

描写としては淡白でそっけないが、文章の質としては『真珠郎』の舐めるようなそれよりもはるかに上質といえる。なによりも、わざとらしい通俗的な比喩が排除されている点で優れている。さして独創的ではない直喩として「舞妓のような振り袖」が含まれているにせよ、その質は『真珠郎』の「炎えあがるような真紅のワンピース」とは大きく異なる。後者には、作者の思い入れが大文字で刻まれた洗練されていない印象が否定できないのに、前者には、たんにそう見えたという以上の比喩的価値はあたえられていない。

以上のような分析が明らかにしているのは、戦前と戦後で横溝正史の耽美趣味に、無視できない、ほとんど決定的ともいえる断層が生じているという事実だろう。正史は怪奇趣味と本格探偵小説の論理性が両立しうることを、カーから学んだと称している。だが、こうした証言を正確なものとは評価しえない。正史自身がどこまで充分に自覚していたかは疑問だとしても、たぶんカーから学んだ核心点は怪奇趣味や耽美趣味が相対化されうるという方法であり、むしろ世界観や時代把握なのだ。『真珠郎』に代表される戦前期の「おどろおどろしき怪奇趣味」の作品では、どんなに歪んだ、病的な、異様なキャラクターを描いた場合でも、その人物には性格的な実質が無視できない内容性として充塡されていた。探偵小説の制約のなかで性格的な実質を可能な限り克明に描写しなければならないという強迫観念が、あの舐めるような耽美的描写を要請したのだろう。

しかし、戦後の正史にはこうした強迫観念が感じられない。それが『本陣殺人事件』を日本で最初の本格探偵小説の傑作たらしめている。『本陣殺人事件』の作中には、初期クイーン作品にも匹敵するような多彩なモノが溢れている。殺人現場で発見されたコップ、日本刀、鞘、三箇の琴爪、琴柱《ことじ》、鎌、等々。日本刀や琴の関係品などには、オリエンタルな日本趣味が誇張的なまでに刻まれているが、すでに作者はそれらとのあいだに冷静な距離を置いている。日本刀や琴など過剰な意味を吸引するだろうガジェットは、かつてのような思い入れの対象というよりも、それを脱色された無機的なモノに還元されている。『本陣殺人事件』の成功の秘密は、最初に伝統文化的な象徴効果を帯びて登場する諸々のモノを、最後に探偵の推理において無機的なモノに断固として還元してしまう異化効果にある。

その点で横溝正史は、クイーンとカーを見事に統合しえている。『エジプト十字架の謎』でクイーンは、即物的な「T」の図形とエジプト十字架の象徴性を外的に二重化されたものとしてしか提示できていない。カーは『アラビアンナイトの殺人』で、アラビア系の出土品を展示した博物館や証拠品のアラビア・ゴムという即物性においてしか、オリエンタルな怪奇趣味と、あらゆるものを抽象的な項に還元してしまう探偵小説の論理性を二重化しえていない。だが『本陣殺人事件』は、日本刀や琴などの証拠品に前近代的なフェティシズムの匂いを充分に染み込ませながら、最後にはそれらを論理操作の単位に適合的な抽象的なモノに変貌させてしまう。両者のあいだに、無理な印象を強いる齟齬感は原理的に存在していない。それが『本陣殺人事件』の成功の秘密といえる。

社会学的な外面性から、戦後の横溝作品に第二次大戦の影を読むことは容易だ。戦後に書かれたにせよ、背景としては戦前を扱っている『本陣殺人事件』と『蝶々殺人事件』は、そうした観点からは過渡的なものと見なされるだろう。それよりも戦争直後を背景とした『獄門島』が、戦後の構溝作品としては完成された作品として評価される。昭和二十五（一九五〇）年の『犬神家の一族』や翌年の『悪魔が来りて笛を吹く』には、復員兵や斜陽族など戦後風俗という点でさらに明瞭な影が認められる。だが作品に内在的な視点を選ぶなら、戦後に書かれたが戦前期を背景としている『本陣殺人事件』や『蝶々殺人事件』にすでに、日本の戦後探偵小説の原型は刻まれている。

人間をモノとして扱う時代感覚が、正史の戦後作品に厳格な論理性をもたらした。それはまた、モノに過剰な「人間性」を託してしまう近代的な必然性を、意志的に超えることにおいてのみ可能ならしめられた。かならずしも作者自身は、東京大空襲に体現される無意味な死の重圧が、おのれの伝統的感性を破壊したのだとは明言していない。としても谷崎的な「おどろおどろしき怪奇趣味」を破壊し、それを抽象的な項の論理的な組み合わせの素材に変貌させたのは、横溝正史が体験した世界戦争の大量死だったに違いない。

2 高木彬光論
——屍体という錘と戦争体験

1

昭和二十三（一九四八）年六月、岩谷書店から高木彬光の『刺青殺人事件』が刊行された。『刺青殺人事件』は、既に出版されていた横溝正史の『本陣殺人事件』や『蝶々殺人事件』、角田喜久雄の『高木家の惨劇』などに匹敵する本格探偵小説の傑作として、ミステリ読者から熱狂的に歓迎された。同年には田島莉茉子（大井広介）の『野球殺人事件』が雑誌掲載され、坂口安吾の『不連続殺人事件』も刊行されている。昭和二十三年は日本に戦後探偵小説の黄金期が到来した年といえるだろう。ところで、その翌年には光クラブ事件が起きている。

高利金融会社光クラブが物価統制令違反と銀行法違反に問われ、三千万円の債務を残して倒産した。負債を整理しても最後の三百万円が返済できないことを知って、社長の山崎晃嗣は青酸カリ自殺をとげた。この事件が注目をあびた背景には、社長が二十七歳の東大生だったこともあるだろうが、それ以上に山崎の自殺の動機が人々を驚愕とさせた。山崎は「合意による契約は拘束する」という信念を貫くため自殺を選んだという。物体である屍体には契約が適用されない。自殺することで山崎は、逃れられそうにない契約不履行の罠から脱出することに成功した。

事件の直後に三島由紀夫は、光クラブ事件を題材に『青の時代』を執筆している。この作品にかんして日野啓三は、「作者と同じ世代にとって貴重な同時代の証言であり記念碑なのである」（筑摩書房版『新選現代日本文学全集・三島由紀夫集』解説）と述べている。では、それはどのような世代なのか。この世代が目撃した世界とはどのような世界だったのか。

戦争末期から敗戦直後にかけて青年期を迎えた若者たちが、自分自身の精神の眼で初めて世界を眺めたとき、そこに見たのは土台から動揺する世界であり、自明なはずのもののほど決定的に崩壊する世界であり、確かな関連を喪って散乱する世界であった。（略）いわゆる現実主義とりわけ自然主義的な現実主義というものは、眼前に厳然と実在する自明の現実と適当な距離をおいて相対することによって成立つ。ところがその〝適当な距離〟が不可能だ。その適当な距離を教え保証する一切の理論、理想、権威そのものが動揺している。（略）現実とはもはや眼を開けさえすればそこにあるといった自明の実在ではない。それは関連と意味を喪った事物の、人間の、観念の、散乱であり堆積であり渦巻であり、それだけでしかない。

三島は膨大な無意味の堆積に無根拠に美的秩序を対置しようとする。それは山崎晃嗣が数量刑法学を対置したのと基本的におなじ発想だ。

日野啓三による三島文学の特徴づけは、Ｊ＝Ｐ・サルトルの『嘔吐』解説として読んでも通用しそうだ。『嘔吐』はフランスにおける大戦間文学（第一次大戦後文学）の最後の光芒ともいえる傑作だが、この事実は欧米における第一次大戦後と日本の第二次大戦後の共通性を暗示している。

ところで高木彬光もまた、光クラブ事件と山崎晃嗣に強烈な印象を受けたようだ。この点は後の社会派作品『白昼の死角』を参照すれば明らかだろうが、山崎をモデル化したようなキャラクターは本格探偵小説の『人形はなぜ殺される』にも登場する。

敗戦直後の時期から活動を開始した作家では、安部公房と三島由紀夫の両名だけが青年期に戦争を通過した世代、アプレゲールに属している。野間宏、椎名麟三、埴谷雄高、大岡昇平などは、第二次大戦を体験する以前に自己形成を完了した世代の作家だ。同様に戦後本格の傑作を書いた小説家もまた、横溝正史、大井広介、坂口安吾など多くは戦前世代だった。『刺青殺人事件』の高木彬光は、これら旧世代が活躍する戦後探偵小説界に最初に登場した、代表的なアプレゲール作家といえる。たとえば『能面殺人事件』の犯人像を作者は次のように描いている。

あなたも検事として、最近復員者の凶悪犯罪の激増したことには、驚かずにはおられないでしょう。かれらは長い戦場の生活で、人間の生命というものには、なんらの価値をも見いだせなくなってしまったのです。自分の生命をかけて、なんらの憎しみもない敵の生命を奪い合っている間に、習慣が第二の天性となってしまったのです。(略)冷たい自我主義と道徳不感症、それに自暴自棄的な感情と物質的窮乏、それがかれらに恩義を忘れさせ、このような凶悪な犯罪を、次々に起こさせた原因なのです。

横溝正史の『獄門島』では、千万太および一《ひとし》という二人の復員者の存在が、瀬戸内海の孤島に連続殺人事件をもたらす。しかし獄門島の事件は、正確には「復員者の凶悪犯罪」

ではない。日本人の伝統的な家族や共同体が復員者に象徴されるもの、ようするに二〇世紀的な世界戦争という外部体験を執拗に内部化し統合しようと企てた結果、連続殺人が惹き起こされる。戦争は共同体に濃密な影を落としている。戦争という影のもとに置かれた共同体の自己保存の論理から犯罪は生じる。換言すれば世界戦争という未曾有の衝撃を受けとめようとして生じた共同体の歪み、軋みが孤島に連続殺人を呼ぶのだ。この作品の探偵は戦中世代の復員者だが、犯人は戦前世代の老人である。復員者が重要な役割を演じる『犬神家の一族』の場合でも、構図は『獄門島』と類似している。

戦後探偵小説の最高傑作とも評される坂口安吾『不連続殺人事件』では、『獄門島』の構図が逆転させられている。この作品では、戦争において精神的に破壊された新世代の犯人が、戦争をも狡猾に生き延びた旧家に決死の攻撃を敢行するのだ。

犯人のピカ一のキャラクターは光クラブの山崎晃嗣と至近距離で共鳴している。そもそもピカ一という犯人のネーミングに、第二次大戦における大量死を象徴する原爆投下の記憶が刻まれているのだ。この時代に原爆は俗に「ピカドン」と呼ばれていた。

東京大空襲として二〇世紀の世界戦争を通過した男は、目撃した廃墟の光景を脳裏から拭いさることができない。戦後にも、なお曖昧に生き延びようとする戦前性を絶対的に拒否せざるをえない。安吾は「堕落論」で、「戦争に負けたから堕ちるのではないのだ。人間だから堕ちるのであり、生きているから堕ちるだけだ」、「人は正しく堕ちる道を堕ちきることが必要なのだ。そして人のごとくに日本もまた堕ちることが必要であろう」と語っている。山林地主の歌川家は、占領軍による農地解放の激震をも越えて延命するだろう戦前的なるものを代表する。歌川家の壊滅と遺産の奪取計画とは、作者が犯罪という形に託した鋭角的な戦後精神にほかならない。この犯人は「人は正しく堕ちる道を堕ちきることが必要なのだ」という安吾の言葉を共有している。以上のように作品空間における犯人の位置が、『不連続殺人事件』では『獄門島』と決定的にずれている。

『刺青殺人事件』はアプレゲール作家による最初の戦後探偵小説の傑作だ。高木の初期作品が『刺青殺人事件』をはじめ、『能面殺人事件』や『呪縛の家』でも、戦中世代の青年を犯人として設定している事実は偶然ではない。日本の戦後探偵小説の発生史は、わずか数年のあいだに正史、安吾、高木という系譜を刻んだ。戦前から作家的地位を確立していた正史、主流文学の世界で新鋭作家として遇されていた安吾にたいして、高木彬光は敗戦後に登場した青年作家である。おなじ戦後探偵小説の磁場に位置しながら、それぞれの作風に微妙な差異が生じているのも必然的な結果だろう。

『刺青殺人事件』を執筆するに際して、たぶん作者の念頭には横溝正史の『本陣殺人事件』が置かれていた。乱歩に評価されたように『本陣殺人事件』は日本探偵小説の歴史に画期をなした本格作品の傑作だが、それは英米風の理知性や論理性の骨格を日本的な意匠や小道具――正史のいわゆる「おどろおどろしき怪奇趣味」で装飾し、両者の微妙な均衡を達成しえたという点でも戦後の正史の作風を決定し、さらに多数の模倣者を生んだ重要作品といえる。さしあたり『刺青殺人事件』も、英米風の論理性と日本的な背景や意匠の均衡をめざした作品という点で、『本陣殺人事件』を踏襲しているように見える。しかし日本的な意匠の処理という点で、両作には無視できない相違点が見られる。

『本陣殺人事件』の中心をなしている密室殺人の場合、水車を動力とした機械的トリック（論理性）と日本的な意匠（石灯籠の下に突きたてられた日本刀、紅殻で塗られた欄間、糸の切れた琴と失われた琴柱《ことじ》、等々）の関係は、ようするに外的である。両者は本体（論理性）と装飾（日本性）の関係にあるともいえる。たしかに日本刀や琴など作中に導入された日本的な意匠の数々も、作品の結末では論理操作の単位に適合的である抽象的なモノに変貌させられてしまう。それが「英米並の」本格探偵小説としての『本陣殺人事件』の成功を支えているのだが、こうした優位性が同時に作品としての限界性をなしてもいる。

たとえば日本刀をサーベルに、欄間を換気口に変換して『本陣殺人事件』と同型のトリックを西洋を舞台にした作品に翻案し、使用することも充分に可能だ。それも当然だろう。作中で述べられているように、自殺を他殺に見せかける『本陣殺人事件』の凶器消失トリックは、『グリーン家殺人事件』のヴァン・ダインと同様に、ドイルによる「ソア橋の怪事件」のトリックを模倣したものだから。

だが『刺青殺人事件』の場合には安易な翻案は不可能だ。この作品で『本陣殺人事件』の琴や日本刀に対応する要素は、被害者の全身に彫られた大蛇の刺青だろう。あるいは彫安が三人の子供にほどこした、自雷也と綱手姫と大蛇丸の刺青。全身に刺青を彫るという造形文化の伝統が西洋諸国には存在しない以上、この作品のトリックを単純に輸出することは困難だ。

こうした事実には高木彬光が、横溝正史における論理性と日本的な意匠の外的関係を、内的で必然的なものに転化したことを示す以上のものがある。『刺青殺人事件』の基本トリックは犯人と被害者の入替えトリックだが、この点にかんして作者は『人形はなぜ殺される』で次のように述べている。

およそ探偵小説では「顔のない死体」というトリックは、最も基本的な型式である。たとえば甲なる人物の衣服をまとった死体が発見され、その顔がたたきつぶされていたとする。この場合、同時に乙なる人物が姿を消していたら、普通の常識で判断されるように、乙が甲を殺して姿を消したのではなく、逆に甲が乙を殺して、自分の着物を着せたのだ——という場合が九分九厘までなのだ。

大戦間の英米探偵小説でも、顔のない屍体による犯人と被害者の入替えトリックは多様に試みられている。その代表傑作にエラリー・クイーンの『エジプト十字架の謎』がある。横溝正史が『エジプト十字架の謎』に影響され、『真珠郎』を書いたことは周知の事実だ。トリック小説として『真珠郎』は中途半端な作品だが、しかし正史は戦後「黒猫亭事件」で顔のない屍体トリックに再挑戦し、今度は見事な成功をおさめている。

クリスティの『ABC殺人事件』は、犯人の利害にかかわる死者（意味ある死）を利害関係のない死者（無意味な死）の山に紛れ込ませ、その存在を隠蔽してしまうという構想の独創性において、大量死の時代経験に文学的に均衡する戦後探偵小説の傑作となりえた。

坂口安吾の『不連続殺人事件』にも、「盗まれた手紙」で最初に提出された心理的トリッックの二〇世紀的な変奏であるそれは明瞭なものとして認められる。いや、『不連続殺人事件』なるタイトルが歴然と示しているのは、歌川家の連続殺人が実は「不連続」であること、ようするに意味ある死を無意味な屍体の山に埋めてしまう目的でなされたことを、安吾が最初から明言しているという事実なのだ。物語中盤の推理合戦において、作者は弁護士の神山に次のように語らせている。

「この七ツの事件を、同一犯人の一貫した計画殺人と見る場合には、しからば、何故、犯人はレンラクのないバラバラ事件を構成したか、ということが問題になりますが、これがつまり、犯人の狙いなんですよ。真の動機をくらますためですよ。この犯行のどの一つかが、あるいは、いくつかが、犯人の真に目的とする犯罪であり、他の犯罪は、その目的をごまかすための細工にすぎない犯罪ですよ。なぜ、そのような細工が必要か。なぜならば、動機が分ると忽ち犯人が分ってしまうからですよ」（傍点引用者）。

歌川家の連続殺人は『ＡＢＣ殺人事件』型の不連続殺人である。意味ある死を無意味な大量の死のなかに隠してしまうためになされた連続殺人。あらかじめ、それを読者に明示してさえ可能である意外な犯人、動機、犯行方法を物語の結末において提出しうるだろうか。クリスティが『ABC殺人事件』で達した戦後探偵小説の地平を前提とし、このメイントリックを共有しながら、さらにそれを越える作品は可能だろうか。ところで高木彬光は『不連続殺人事件』の角川文庫版解説のなかで、次のように述べている。

チエスタートンといえば「師父・ブラウン」のシリーズで有名な推理作家だがその名言に、

「木の枝は森の中にかくせ」

という言葉がある。ところがこの「不連続」はこの名言を長篇化した日本では最高のストトリック小説(ストーリー全体をトリックに転化した小説——引用者註)なのだ。

真犯人同士の異常な行動、これはふつうの一般社会でなら人の眼をひかずにはおられないほどおかしなものである。おそらく舞台をほかにとったら、かなり鈍感な読者でもすぐ犯人を見やぶってしまうだろう。しかし、この周囲はいまいったような異常な小世界であり、ほかの登場人物も負けず劣らずの異常な行動を連続しているために、肝心のその重要な一線は、完全に読者の注意から外れてしまうのである。それが作者のねらいなのだ。

内海殺しをめぐる心理的なアリバイトリックを念頭に置いて、むろん高木彬光は以上のように指摘している。あやかと前夫ピカ一の口論、激怒したピカ一による乱暴狼藉、夜の庭に逃走し自室に閉じこもるあやか、その扉の前で酔いつぶれ眠り込んでしまうピカ一。第四の事件の心理的トリックは、以上のように描かれた一連の経過のなかに仕掛けられているのだが、それが読者に不自然な印象を与えないのは、確かに「ほかの登場人物も負けず劣らずの異常な行動を連続している」からだ。なにしろ歌川家に集められた男女の全員が、暇さえあれば悪意に満ちた皮肉をとばしあい、泥酔して怒号し、果ては暴力沙汰におよんでも不思議ではないという連中なのだ。

こうした極端な設定でも、さほど不自然な感じを読者に与えないのは、登場人物が小説家、劇作家、フランス文学者、詩人、女優、画家など奇人変人ぞろいでも納得できるような種族であり、さらに敗戦の混乱が極点にまで達した時代を背景としていることなどによる。むろん戯画的な文体を駆使した安吾の作家的な力量によるところも大きい。としても太宰治の『斜陽』にも通じるような、敗戦直後の無頼派的芸術家の生態を作中で描いている点に『不連続殺人事件』の戦後性があるのではない。本書の紛れもない戦後性は、探偵小説としての作品構造のなかに深々と刻まれている。

敗戦直後の無頼派的芸術家の集団という「森」に隠された「小枝」は、内海殺しの心理的トリックを可能にした、ピカ一と前妻が意図的に偽装している敵対関係や、二人が演じる口論と暴力沙汰などに尽きるものではありえない。それは内海殺しの犯行方法に関係しているが、歌川家で起きる連続殺人事件の動機および共犯関係それ自体が、伝統的な規範意識からアナーキーに逸脱した、過剰に乱脈な性関係の重畳という「森」に隠されているところの一本の「小枝」なのだ。

この観点から『エジプト十字架の謎』を論じることもできるだろう。事件現場に見出される道標、交差路、血文字など複数の「T」は唯一の意味ある「T」——両腕を水平に伸ばした首のない屍体を、無意味な「T」の群れに紛れこませる犯人の作為の産物だった。この点で『エジプト十字架の謎』は「木の枝は森の中に隠せ」パターンを踏襲している。『本陣殺人事件』の場合も同様で、「小枝」に当たる日本的ガジェットは日本刀と、琴柱《ことじ》、琴のみで、金屏風、布団、鞘、三箇の琴爪、鎌、等々は「小枝」を隠した「森」ということになる。

2

顔のない屍体や「枝は森の中に隠せ」をはじめとして、海外の探偵小説作家が蓄積してきた謎やトリックのパターンを踏襲しながらも、それらを自身の第二次大戦体験と突きあわせることで日本の作家たちは新たな地平を拓いていく。

前節で述べたような歴史的経緯のある顔のない屍体トリックだが、高木彬光の独創は顔のない屍体を胴体のない屍体に変換した点にある。『刺青殺人事件』は胴体のない屍体による犯人と被害者の入替えトリックを基本とした作品なのだ。このアイディアを可能ならしめたのは、むろん刺青という日本の伝統文化に違いない。運転免許証やパスポートに顔写真が利用されることからも確認されうるように、顔は個人を特定するために最も容易で最も確実な材料である。

ところで顔のない屍体トリックの、よりプリミティブな形態として双子の入替えトリックがある。顔が違う人間を入れ替えるためには、屍体の顔を破損しなければならないだろうが、顔が酷似した双子の場合にはその必要がない。双子Aが双子Bの服を着て死んでいれば、それは顔のない屍体Aおよび顔のない屍体Bとおなじ錯覚をもたらす。プリミティブな双子の入替えトリックは、二人一役トリックなどに二重化され複雑化されてきた。このトリックを巧緻に変奏した本格作品は、今日も探偵小説読者を幻惑しつづけている。『刺青殺人事件』では被害者の絹枝に珠枝という双子の妹がいることが、作品の前半で明らかにされる。当然のことながら探偵小説読者は、双子の入替えトリックではないかと疑う。しかし読者は、この妥当である疑念を放棄せざるをえない。珠枝が広島で爆死したと設定されていることが理由の一つだ。しかし疑いぶかい読者は、このような設定が作者の権利で容易に覆される可能性を無視しない。読者の疑惑を否定するのは、双子の場合には服や所持品よりもはるかに個人特定において有効である、胴体に彫られた刺青のほうだ。

証拠写真によれば珠枝の刺青は手首までである。しかし、殺人現場に残されていた肘から下の腕には刺青が彫られていない。従って屍体は珠枝ではありえない。おなじ顔の持ち主は双子の姉妹である絹枝と珠枝の二人しかいないのだから、珠枝でないとすれば風呂場の密室で発見された屍体（正確には胴体のない屍体）は、姉の絹枝であるという結論に到達せざるをえない。

他者と交換されえない私は固有の名前をもつ。同様に固有の顔をもつ。双子という存在はおなじ顔、原理的には同型の遺伝子を与えられている点で、近代的な人格の固有性という神話を微妙に狂わせて曖昧化してしまう。絹枝と珠枝という具合に、名前までイメージ的に類似している場合、そうした性格はさらに際立つ結果となるだろう。

だが、このような反近代性には、一見したところ前近代性という雰囲気が濃厚だ。自己同一的な私が近代の神話に過ぎないとしても、近代にたいするアンチには、過去および未来という相反する方向がある。それは第一に近代的な自我を確立する以前の、固有の顔だちをもたない共同体の成員という方向にむかう。『獄門島』では家の存続を第一義として、それを阻害すると見なされた鬼頭家の三姉妹は容赦なく殺戮されてしまう。千万太も一も家督相続者という一点においてしか捉えられず認められもしない点で、やはり近代的な主体の域には達していない。『獄門島』の世界では共同体が要請する伝統的役柄が、近代的な個人に先行している。

鬼頭家の三姉妹が作中で「ゴーゴンの三姉妹」と呼ばれているように、あるいは月代、雪枝、花子とイメージ的に類似した名前があたえられている点にも示されているように、被害者には固有の性格が見られない。「この美しい、しかしどっか尋常でない、三輪の狂い咲きを眼のまえに見たとき、金田一耕助は、ゾーッと冷たい戦慄が、背筋をつっ走るのを禁ずることができなかった」。近代的な合理主義者である探偵が戦慄するのは、眼前にした三姉妹の没個性を通じて、到来するだろう事件の前近代的な性格を予感したからではないか。近代的な探偵キャラクターと前近代的な犯人キャラクター。戦場の現代的な大量死というファクターは『獄門島』の場合、事件における復員者の存在に暗示されているように、作中では近代性と前近代性を媒介する位置にある。

『獄門島』の月代、雪枝、花子と『刺青殺人事件』の絹枝、珠枝。両者の相似性は明らかだろう。前者では「舞妓のような振り袖に、たかだかと帯をしめあげた」外見の相似にすぎないが、後者の場合には、さらに徹底して双生児であると設定されている。『刺青殺人事件』の双子キャラクターは前近代的な方向において、自己同一的な主体という近代の神話を相対化し曖昧化する。双子の反近代性は、その自然性において近代的な個性なるものを宙吊りにするからだ。

前近代的な没個性のルツボに溶かし込まれた双子という存在は、それぞれの身体に刻印された、大蛇丸の刺青と綱手姫の刺青においてのみ差異化される。このような設定に作者の凡庸ならざる計算が込められている。刺青という日本的な意匠は、当然のことながら前近代的な雰囲気を濃密に撒き散らすものだ。双子のキャラクター的な前近代性に、刺青の前近代的な雰囲気が重ねられている。読者としては幻惑されざるをえない。

　とはいえ双子の要素と刺青の要素は、固有の顔と名前をもつ近代的な主体（そこでは固有な存在性格の表現として、固有の顔や名前が存在するものと見なされる）に対して、前近代性という同型的な意味を持つとは必ずしもいえない。双子は遺伝子が共通するという自然性において、近代的な個人の神話を相対化する。しかし刺青は反自然の文化性において個人を恣意的に差異化する。人間の身体が同型的・同質的なものと見なされるかぎりにおいて、類似した多数者から特定の個人を選別するために、刺青という人工的差異化の技術が要請される。その典型な事例として、ナチ収容所の囚人の腕に強制的に彫られた数字の刺青がある。

　むろんアウシュヴィッツの囚人番号の刺青と、「いまを去ること百数十年前、江戸天保年間」に「技術が真に芸術といわれるまでに進化した」日本の刺青とを単純には同一視しえない。『刺青殺人事件』の冒頭では、日本の刺青芸術の魔的な美と魅力について詳細に語られている。またワトスン役の松下研三の前に、絹枝が最初に登場する彫勇会の場面は次のように描かれる。

絹枝はするりと純白のワンピースをぬぎすてると、白絹のシュミーズ一枚になった。もちろん彩られた両腕は露わだった。桜色に上気した肌に、青黒く沈むぼかしの中に、色あでやかに咲き匂う桜と紅葉の朱彫りも一段と美しかったが、絹枝の意識的に狙ったのは、薄物を透して輝く裸身の美しさであった。白絹は、刺青の色彩を映して、薄紫に、桃色に、若緑に、紫に、言うに言われぬ七彩の虹の光沢を思わせる微妙な色調に輝いているはずなのだ。これこそ、かくそうとしてかくしきれない刺青の美と魅力の極致であることを、いつか絹枝は自覚していた。

絹枝は「きょうの女王」の栄冠を獲得する。一方には人間を匿名の囚人に突き落とす刺青がある。そして他方には、凡庸な人間のあいだから選ばれて「女王」の栄光をもたらす刺青が。おなじ刺青でも意味するところは対極的だろう。絹枝が刺青にかんして「着物や洋服みたいに、ときどきかわった絵柄のものにとりかえられないのが残念」と洩らすことに注意しよう。彫勇会における絹枝には服飾コンテストの優勝者と似ているようでいて、微妙な、しかも決定的な相違がある。刺青は「着物や洋服みたいに、ときどきかわった絵柄のものにとりかえられない」のだ。

衣服における美はそれを選択し着用した主体の、精神性の表現であると見なされる。ようするに服飾コンテストでは主体の趣味性や審美眼が評価されるのだ。そこでは近代的主体の神話が明らかに温存されている。肉体を飾る点で衣服と共通する刺青だが、しかし両者には決定的な相違がある。刺青の場合には主体の選択は一回的であり、精神が肉体を支配するのは絵柄を決める一時のことに過ぎない。以後は肉体が精神を逆に支配しはじめる。肉体に支配される精神という点で美しい刺青と事故による傷は、存在性格において共通するものがある。

美人コンテストの場合にはどうだろう。美人コンテストで評価の対象となる顔や体型は、「着物や洋服みたいに、ときどきかわった絵柄のものにとりかえられない」点では刺青と類似しているようだ。たしかに顔は恣意的に交換するわけにはいかない。だから顔の固有性もまた疑われることがない。顔の固有な美は自然的かつ必然的な諸条件の結果だとしても、しかし刺青のそれは違う。刺青の美は当人の選択や意志と、彫り師による技術の合作であるとしかいえない。むろん、その前提として次のような条件もある。「色の白い、きずのない肌理のこまかいねっとりと脂ののった、なめらかな肌――たとえちょっとの痣があっても傷があっても、刺青師の感興はそがれてしまう」というように。

美しい肌は自然的な条件だろうが、それは顔のように必然的な固有性をなすものではない。肌という自然的な条件を、当人の意思や彫り師の技術という人工的な恣意性に委ねる結果、はじめて刺青は美的な質を達成しうる。

『グーテンベルクの銀河系』のマクルーハンによれば、近代的な主体とはグーテンベルクの活版印刷術が可能にした安価で携行可能な書籍の産物である。私の部屋で私の本を黙読する主体が、ようするに自己同一的な近代的個人なのだ。しかし、そこには奇妙な逆説が生じざるをえない。印刷術はおなじ本を大量生産する。である以上、近代的個人は同型的・同質的なものとして無数に存在することになる。自己同一的な、他には還元されえない固有の私は同時に同型的・同質的な多数の私、凡庸な匿名の私でもある。

このように近代的な私は、固有性と匿名性という矛盾した相互作用の産物として生じた。だれでも着ることのできる服（匿名性）において、個人の趣味（固有性）が表現される。それはだれでも読むことのできる印刷本において、固有の精神性が育まれるという矛盾に原理的に照応している。あるいは顔の造形美という自然性が、そのまま個人性を保証してしまう美人コンテストの論理もまたそれらと同型的かもしれない。以上のような問題は美人コンテストの参加者に解消されえない。顔という自然性によって私の固有性が指示されるという矛盾を、近代人は例外なく抱え込んでいる。

しかし、刺青の論理は近代的な顔の論理を裏返してしまう。刺青の美は顔の美が私の美であるようには、私に固有の、私に過不足なく帰属する美ではない。それは制作者の作品でもある。同時にまた刺青は近代的な作品として自律的であるともいえない。なぜなら皮膚の状態というような、素材の自然的条件に決定的に制約された表現であり、さらに対象者の合意なしにはそもそも存在することのできない美でもあるから。刺青は自然的な条件と制作者と、さらに対象者の微妙な共犯関係がかろうじて生みだす種類の特殊な美だ。それは製作者の自己表現とも対象者の自己表現とも、一義的には決定しえない奇妙な二重性をはらんでいる。人物画や人物写真の制作も裸体を主題とした場合に典型的であるように、作者とモデルの選択や意思の一致が前提だ。とはいえ近代的な了解ではいずれの場合も、最終的に作品は作者に帰属するものと見なされる。絵画や写真のモデルは自己完結的な作品にとって従属的なファクターに過ぎない。

刺青における近代の論理の顚倒ないし裏返しは、囚人の場合にも反復される。近代的主体としての固有性を剝奪され、囚人は刺青の番号で呼ばれるに至る。その点で刺青は、強制収容所の囚人が課せられた匿名性の論理を体現する。しかし同時に数字の刺青は、顔や名前という固有性に代わる新たな固有性をもたらしもする。数字記号における差異が量的な相対的差異性に過ぎないとしても。『刺青殺人事件』のヒロインの背中に彫られた美的な刺青とアウシュヴィッツの囚人の腕に彫られた数字の刺青とは、存在性格において対極的であるように見える。しかし近代的な匿名性と固有性の複合化を裏返しにする奇妙な性格という点で、両者は深いところで共通している。

作中に導入された双子というキャラクターは、明瞭な個性と固有の顔をもつ近代的な人間を曖昧に相対化する。さらに双子の背中に彫られた刺青は、近代的な個人という存在形態を不気味に顚倒するのだ。

このような刺青にかんする一般論は、『刺青殺人事件』の作中で探偵小説的としかいえない仕方で具体的に、しかも精緻に反復されていく。顔では見分けがつかない双子だから胴体の刺青で区別するしかない。名前を奪われた囚人だから、腕の刺青でしか区別されえないという強制収容所の暴力的な論理に、それは象徴的に二重化される。いずれにせよ諸個人の差異は顔のような自然性ではなく、人工的な記号で表現されるのだ。『刺青殺人事件』の犯人は、顔による固有性が存在しない事態を利用して、刺青という人工的な差異性の背後に逃れようと企てた。胴体の交換による犯人と被害者の入替えトリックを抽象化すれば、全体として以上のように要約できる。

絹枝と珠枝が双生児である、ようするに固有の顔をもたないという設定は、被害者の三姉妹から近代的な個性を剝奪した『獄門島』の横溝正史の水準に対応する。ようするにモダンをプレモダンの水準に引き戻している。しかし絹枝と珠枝の膚に刻まれた刺青と、「蛇は蛙をのみ、蛙は蛞蝓《なめくじ》をのみ、蛞蝓は蛇を溶かしてしまう」という迷信的な伝承は正史ふうの「おどろおどろしき怪奇趣味」に、具体的には『獄門島』の俳句および俳句を模した殺人現場などの意匠に対応しているように見えて、じつは性格が根本的に異なっている。

没個性的な存在を人工的に差異化すること。このような差異化の人工性が、『刺青殺人事件』を支える入替えトリックの中心には見出される。差異化の人工性とはその記号性とも換言しうるだろう。浴室で発見された屍体の顔が双生児のものである以上、被害者は珠枝か絹枝である。発見された胴体のない屍体の腕には刺青が残されていない。証拠写真によれば珠枝には手首まで綱手姫の刺青がある。従って屍体は絹枝である。以上の簡潔で異論を許さない三段論法は、作品の最後で劇的に裏返されるだろう。

まず第一に不思議なことは、絹枝と常太郎の刺青は見た者があっても、珠枝の刺青を見た者は誰ひとりいないのです。しかし絹枝は、珠枝には綱手姫の刺青があったと言っていますし、そのうえにこうして写真まであるのですから誰しもいちおうは納得するでしょう。たしかに誰でも、一度刺青をした以上、死ぬまで消すことはできないのです。（略）結局僕の言いたいことは、綱手姫の刺青はその下絵の写真であって、実際に肌に彫られた刺青の写真ではないということです。そういう点に気がついてみれば、たしかにこの綱手姫には、どこか不自然な感じがあります。ぼかしの濃淡には変化がなく、全体の調子が少しどぎついのです。（略）その下絵は、絹枝が、大蛇丸を彫る前に描いてもらったものか、それとも珠枝がいたずらに下絵だけ描いてもらったものか、そこまで僕にはわかりません。珠枝は何かほかの図柄を体に彫っていたのでしょう。とにかくこの綱手姫を彫っていなかったことだけは、もう疑う余地がないのです。

謎解き場面で探偵役の神津恭介はこのように語る。神津による推理の核心には、「刺青は消せるものだ」という「非ユークリッド幾何学の平行線公理の否定に似た一つの飛躍」がある。常識を超える思考の「飛躍」の秘密は、刺青の記号性を発見した結果だ。無個性な存在を人工的に差異化するものとしての刺青。たしかに刺青には「死ぬまで消すことはできない」点で、人工的な恣意性を超える自然的性格がある。しかし記号にすぎない刺青の性格に着眼するとき、「刺青は消せるものだ」という思考転換が可能となる。記号とは本来、人工的で恣意的な差異性なのだから。

下絵および写真という二つの要素が推理に導入された結果、絶対に消えないと信じられていた刺青は瞬時に消滅してしまう。探偵の指摘が読者にもたらす衝撃は、刺青は「死ぬまで消すことはできない」という常識が土台から覆された事実に由来する。その自然的性格に目を奪われて刺青に本質的である人工性と恣意性を見逃していた読者は、世界が裏返しになるような驚きを感じることになる。

『刺青殺人事件』の入替えトリックは、双子や顔のない屍体の入替えトリックの新たな展開である。ディケンズの発明になるといわれる古典的な入替えトリック自体が、近代的な自己同一性の神話の逆転において可能ならしめられているのだが、そこにはまだ曖昧で過渡的な要素が残されてもいた。意図的に破壊されることで顔の実体性と固有性はむしろ際立たせられる。犯人が被害者の顔を破損するのは、顔に実体性と固有性が刻まれているからだろう。犯人は被害者の首を切ったり顔を破損したりすることで、被害者から近代的な自己同一性を剝奪する。意図的に奪いとらなければ被害者に固有の人格性は抹殺しえないことを、顔のない屍体は裏側から証明してもいる。

しかし『刺青殺人事件』において、古典的な入替えトリックは異様なものに変貌している。おなじ顔をもつ双子だから、さしあたり体の刺青で区別されるしかない二人の女。だが、刺青による差異性は恣意的な記号性でしかない。その差異性に自然性という必然的な根拠はあたえられていない。現実の刺青は「死ぬまで消すことはできない」という具合に、なお自然的性格を残している。しかし人工的な差異化でしかないという本質を徹底するなら、「刺青は消せるもの」となる。犯人は下絵と写真を利用したトリックで、「刺青は消せる」という不可能を可能とした。それは刺青による差異化から、あらゆる自然性を象徴的に消去する試みでもある。顔に相違のない双子の女は、体の刺青でさえ区別できない結果を強いられる。探偵が明らかにする事件の真相は、自然的な差異性や固有性を完璧に剝奪され、モノと化した人間の異様な存在形態を背後から暗示している。

3

『不連続殺人事件』の犯人が目撃したに違いない、廃墟の東京と焼死体の山。それは『不連続殺人事件』のピカ一とあやかに、意味ある屍体を無意味な屍体の山に隠してしまうという連続殺人トリックの着想をもたらした。さらに『刺青殺人事件』の作者は古典的な入替えトリックを下敷きに、顔でも胴体にほどこされた刺青でも区別することのできない凡庸で無個性で匿名的な、人間の二〇世紀的な存在形態を描きだした。

私はいま、自分の記憶になまなましい終戦一年後の東京を瞼に思い浮かべている。この大都市はまだ敗戦の痛手から立ち直ることもできず、あらゆる傷口から、膿汁のような醜い事件の数々を滴らせていた。この首都に、これまで経験しなかった百鬼夜行の状態がいたる所に展開されていた。そして、この大蛇丸の刺青はまだ、生命を持った女の肌に蠢き、匂っていた。

昭和二十一年八月——悲劇の幕、ここに開く。

『刺青殺人事件』の冒頭に近い一節にも、作者が巧妙に仕掛けた罠を発見することができる。前近代的、美的、日本的な印象を喚起する「大蛇丸の刺青」と、世界戦争を通過して廃墟と化した「終戦一年後の東京」。前者の「おどろおどろしき怪奇趣味」と、後者が可能にした探偵小説の論理的骨格。作者の巧妙な暗示に幻惑され、両者の接合と二重化がたとえば横溝正史の『獄門島』のようになされていると信じ込んだ読者は、そのとき隠された罠に足をとられている。

殺害され屍体を切断された被害者は、胴体の刺青においてさえ自己証明なしえないまま、犯人に自分の名前を奪われ、代わりに犯人の名前を押しつけられる。刺青は前近代的、美的、日本的な「怪奇趣味」のため、『刺青殺人事件』の作中に導入されたのではない。「大蛇丸の刺青」と「終戦一年後の東京」は、横溝正史の作品に見られるような対項的な補完関係にあるのではない。両者は一体であり、殺された珠枝は二〇世紀的な大量死の死者たちの存在に通底している。珠枝が広島の原爆被災者として設定されている事実もまた、このような作者のモチーフを暗示するものだ。『刺青殺人事件』の斬新な入替えトリックの前提には、顔ではむろん胴体の刺青でさえも自他を区別できない無名の私、私ならざる私、世界戦争を通過した近代的主体の残骸がある。この作品が日本の戦後探偵小説を代表する傑作となりえた根拠は、以上のような点に見出される。

犯人の方はどうか。主犯の最上久は、高木彬光が注目した光クラブ事件の主役と、さらに『不連続殺人事件』のピカ一とも通底するアプレゲール的キャラクターだ。作者は最上および共犯者の絹枝をどのように描いているのか。

『刺青殺人事件』の場合、探偵小説作品としての中心的興味は刺青を利用した入替えトリックにあるが、犯行計画の全体からするなら絹枝と珠枝の入替えは補足的といえる。むしろ眼目は最上のアリバイトリックにある。

最上は午後六時に珠枝を殺害した。他方では絹枝が午後九時まで生きていたことを、隣人が証言するように仕向ける。さらに珠枝の屍体を発見現場に運び、そこで殺人がおこなわれたような偽装をこらしてから九時以降のアリバイを確保する。入替えに成功して屍体は絹枝であると捜査側に信じ込ませることができれば、被害者は九時まで生存していたことになり最上は容疑圏外に脱出できる。以上が珠枝殺害を焦点とする一連の犯行計画なのだが、作者はさらに機械的な密室トリックを最上に考案させてもいる。珠枝の屍体が発見された絹枝の家の浴室は、水道の流水を利用したトリックで内部から閉ざされていた。

神津恭介は事件の最終解決に先行して、浴室の密室トリックを簡単に解明してしまうのだが、そこで意味深長な言葉を洩らす。「こんな機械的トリックよりも、この浴室を密室にすることによって、犯人の企図した心理的トリックが、はるかに重大だと思いますね」。

探偵が暗示した「心理の密室」とは、殺害現場と屍体発見現場が同一であるとする捜査側の憶断を指している。浴室で殺害と屍体切断が実行されたなら、そこには多量の血液が残されていなければならない。しかし殺害も切断も、じつは最上の自宅でおこなわれたのだ。犯人は屍体を浴室に運びこんだあと、水道の栓を緩めたままにしておいた。そのために多量の血液も下水に流れて消えたのだろうと、捜査側は信じ込んでしまう。同時に水道の流水が機械的な密室トリックに利用されている以上、なぜ水道の栓が緩められていたのかの理由を捜査側が問うこともない。多量の血液の不在という屍体移動がもたらした難点を、このようにして犯人は巧妙に隠蔽しえた。

警察は殺害現場と発見現場の空間的距離をゼロであると誤認した。換言すれば、犯人の狙いどおりに「心理の密室」に閉じ込められたのだ。二つの現場の空間性にかんする事実誤認が殺害時刻にまつわる時間性の混乱を招き、結果として犯人のアリバイトリックが可能となる。

犯人の最上はアリバイトリックを支える目的で、入替えトリックおよび密室トリックを考案した。しかし作者の力点がアリバイトリックよりも入替えトリックに向けられていたように、犯人には補足的であるに過ぎない密室トリックにもまた、最上の犯行計画における必要性より以上の意味が暗黙のうちに織り込まれているのではないか。

探偵役が意味深長に、繰り返し口にする「心理の密室」という言葉。それを次のような作中の文章と重ねることができる。「銀座近くのこのあたりでも、その形相はけっしてほかとかわっていない。昼になれば、うつろな瞳であてもなく巷を彷徨する人の群れにまじって、征服者の颯爽たる誇りを見せた外人たちが意気揚々と闊歩する街は、夜ともなれば家々の軒下に一夜の宿を求める浮浪者と、街の女と、横行する犯罪者の群れに席をゆずる」。高木による「征服者の颯爽たる誇りを見せた外人」と「浮浪者と、街の女と、横行する犯罪者の群れ」の対置法が示しているのは、廃墟と化した敗戦の日本が米軍による占領下の日本でもあるという事実だ。

登場人物の刺青博士早川に、作者は次のような「毒舌」を「滔々と」語らせている。「だって君、あんな大本営発表を信用できるような人間は、よくよく頭の構造がお粗末にできていると思わないかい。とにかく、あんな痛快な話はなかった。毎日毎日敵の航空母艦と戦艦を数隻ずつ轟沈するんでね。しまいには、僕も敵の造船能力がこの損害に追いつくものかと、真剣になって心配したよ。(略) そのくせ肝心のB29には、ねっから手が出ない。最後に、竹槍を持ち出したときには、さすがの僕も涙が出たね」。早川の発言は、敗戦を解放として捉えた荒正人や平野謙など「近代文学」派や、敗戦後に論壇の主流の座をしめた戦後民主主義知識人と至近距離で共鳴する。

戦後憲法を後ろ楯にした戦後知識人は早川の「毒舌」に見られるように、戦前および戦中の日本を前近代的・半封建的だったと批難した。非科学的で無知蒙昧な大言壮語が横行していた鎖国状態の戦中期と、世界にも通じる開明的な戦後期。近代日本史を八・一五を境にして闇と光に塗りわける戦後民主主義史観も、そこから生じることになる。

ところで『能面殺人事件』の柳光一と同様、『刺青殺人事件』の神津恭介も松下研三も復員兵である。絶対戦争の戦場から九死に一生を得て本国に帰還した復員兵の眼に、敗戦日本の姿はどのように映じていたのか。東大構内で旧友を発見し、「神津さん、よくお帰りになりましたね……ご無事で、なにより結構でした」と声をかけてきた研三に、「あんまり無事でもなかったんだよ。抑留中にすっかり体をやられてしまって、半死半生のていたらく……京都までたどりついたら、すっかりのびてしまって、最近まで京都の病院で寝ていたんだ」と恭介は応じる。降伏して武装解除され捕虜として収容所に抑留され、かろうじて帰国しえた復員兵には、敗戦後の日本と日本人の精神状態が奇妙なものに見えたろう。

アジアや太平洋の島々から兵士たちは強制的に送還され、ようするに日本列島に閉じ込められた。このような運命は本土の人々にしても同様だった。占領下に置かれた日本国民の全員が、日本列島に幽閉され拘禁されている。日本列島の全体が巨大な檻と、あるいは密室と化している。それが敗戦と占領の現実的な意味だ。しかし、日本人の多数派は戦中の日本が密室状態に置かれていたのであり、密室的な日本は敗戦の結果として開放されたと信じ込んでいる様子なのだ。このような戦後日本人の精神的倒錯にかんしては、後に江藤淳が執拗な検証を試みることになる。

江藤の批判作業を待つまでもなく、戦後日本人の自己欺瞞と精神的倒錯は復員兵の眼に、あまりにも自明なものとして映じたに違いない。復員兵である神津恭介が「心理の密室」という言葉を繰り返し口にする隠された理由を、この点に見出すことができる。

国際連盟からの脱退など国際社会からの孤立や、戦争末期における海上輸送路の寸断状態は、たしかに日本列島に物理的な密室状態をもたらした。しかし真の問題は、物理的に作られた密室が解除された後に生じる。「こんな機械的トリックよりも、この浴室を密室にすることによって、犯人の企図した心理的トリックが、はるかに重大だと思いますね」と探偵が指摘するように、戦争の終結は日本列島の孤立状態を解除したように見えて、日本人の大多数を第二の密室、「心理の密室」に閉じ込める役割をはたしたのだ。しかも「心理の密室」に囚われた捜査陣が密室に閉じ込められている事実には気づかないように、戦後知識人を先頭とした日本人のほとんどは、敗戦後の現在こそ日本列島が巨大な密室と化しているという事実に気づこうともしない。

高木彬光が光クラブ事件に多大の衝撃を受けた点にかんしては、先にも言及した通りだ。それはたんに、一攫千金を夢見た青年の経済事件という点にのみ関わるものとはいえない。高木は光クラブ事件に、アプレゲールと呼ばれた同世代の精神の象徴的な露呈を見たに違いない。『能面殺人事件』で事件の背景を、検事の石狩は次のように語る。

「精神に異常のある人間が精神病院に送られもせず、正常の人間が精神病院へ十年も監禁されたのだ。みずから手を下した犯罪では巧みに法網をのがれえた極悪人が、みずからの関知しない犯罪の犯人に擬せられて、生命を失ったのだ。

千鶴井家は常識と正義の支配するところではなかった。逆説と邪悪のうずまくところ、きみは毒をもって毒を制したのだ」

「毒をもって毒を制した」真犯人は、「きょうは一個の私人、石狩弘之としてきみの話を聞いたのだ。私人に人を逮捕する権限は与えられていない」と告げる検事にたいし、自殺をもって応える。事件の終末における柳光一の自殺が、光クラブ事件の山崎晃嗣の自殺と酷似していることは明らかだろう。二人は罪を承認し、おのれを罰したのではない。被害者の屍体に均衡するものとして設定された完全犯罪の計画が、事実として失効した以上、おのれの屍体を天秤の反対側の皿に載せなければならない。そうしてはじめて均衡は達成される。検事の温情で生き延びることは均衡を乱す結果となる。以上のような柳光一の論理は、「合意による契約は拘束する」という信念を貫こうとして死を選んだ山崎晃嗣の論理に過不足なく対応している。

問題は均衡であり論理的一貫性である。均衡を維持し論理的一貫性を保つためには、おのれの生命さえもが犠牲とされる。でなければ世界は瞬時にして崩壊するだろう。戦争のために破壊された世界は私の無根拠な意志、空虚な意志においてのみかろうじて支えられてきたのだから。戦後文学としての探偵小説の論理性は、そのような磁場において生じた。

初期作品では探偵役の神津恭介もまた、方向性こそ逆であるにせよ『能面殺人事件』の犯人である柳光一と、基本的に同型的なキャラクターとして造形されている。『呪縛の家』で描かれているように、恭介の内部で古典近代的な倫理性は崩壊している。彼は犯罪者の存在自体を否定はしない。犯罪をめぐる行為に絶対的な均衡を要求するに過ぎない。探偵が完全犯罪の計画を自壊に追い込む。結果として天秤は被害者の屍体の方向に大きく傾く。秤を平衡状態に戻すためには、被害者の屍体に対応する錘として犯人の屍体が皿に置かれなければならない。事件の真相をめぐる探偵の情熱もまた、犯人のアプレゲール的に空虚な情熱と微妙に共鳴している。

それは外部に脱出するための通路を奪われた青年の、空虚で過激な情熱なのだろう。「心理の密室」に閉じ込められ、しかも拘禁状態に置かれている事実に無自覚でありえない青年の閉塞感。

昭和二十年代における高木彬光の本格傑作群は、このようなモチーフに支えられていた。昭和三十(一九五五)年の『人形はなぜ殺される』を最後として、高木による本格探偵小説の試みはいったん終息するのだが、その翌年には経済白書で「もはや『戦後』ではない」という宣言がなされる。日本社会は戦後期を脱し、戦後混乱期を生きたアプレゲールも中年の域に達した。前途には影のない、高度経済成長の平明な光景が見えはじめていた。そうしたなかで日本の戦後探偵小説もまた、大きな屈曲を強いられることになる。

Ⅳ 大量死から大量生へ

1　探偵小説と二〇世紀の「悪魔」

S・S・ヴァン・ダインの『グリーン家殺人事件』（一九二八年）とエラリー・クイーンの『Yの悲劇』（一九三二年）の影響関係は、『黄色い部屋はいかに改装されたか？』で都筑道夫が検証している通りだ。しかし都筑の論では、アメリカ本格探偵小説を代表する二人の作家が一九三〇年を挟んだ同時期に、ゴシック小説を思わせる古色蒼然とした館を作品の舞台として選んだ奇妙さはさほど注目されていない。ちなみに『グリーン家殺人事件』は作者のデビューから二年後で三作目、『Yの悲劇』は三年後で五作目にあたる。

都筑によれば「病的な雰囲気の一族のなかで、ゆがめられた幼い心が、書物に導かれて殺人を犯す、という物語」の基本骨格で両作は共通する。また『グリーン家殺人事件』ではアダが犯人の手に触り、おなじく『Yの悲劇』ではルイザが犯人の頬に触れる。「ほかにも、『グリーン家殺人事件』では暖炉が自動殺人装置の隠し場所になり、『Yの悲劇』では暖炉が犯行のきっかけになった書類の隠し場所、兼、秘密の通路になっている、という類似点も」ある。『Yの悲劇』でクイーンは、犯人や犯人として疑われる登場人物が、すでに死亡しているというトリックを用いている。『Yの悲劇』と同年に刊行された『エジプト十字架の謎』でも。このトリックを、『エラリイ・クイーンの世界』の作者フランシス・M・ネヴィンズJr.は「バールストン先攻法《ギャンビット》」と命名した。ネヴィンズJr.は「バールストン先攻法《ギャンビット》」の「標準的典拠《ローカス・クラシカス》」として、コナン・ドイル『恐怖の谷』をあげているが、『Yの悲劇』の場合は犯人が自分を被害者に見せかけるため、最初の事件で自分を拳銃で撃つ『グリーン家殺人事件』との照応も無視できない。

ヴァン・ダインの場合、第一作『ベンスン殺人事件』も第二作『カナリヤ殺人事件』も未曾有の好況に湧いた一九二〇年代のニューヨークを事件の背景とし、前者ではウォール街の株式仲買人が、後者ではブロードウェイの女優が被害者に設定されている。

クイーンの場合も事情は似ていて、第一作『ローマ帽子の謎』では劇場、第二作『フランス白粉の謎』ではデパート、第三作『オランダ靴の謎』では大病院という具合に、砂のような都市群衆が集う現代的な空間で殺人事件が起きる。しかしヴァン・ダインは、また続いてクイーンも、発表当時でさえ読者に時代錯誤的な印象を与えたに違いない、古色蒼然とした館での連続殺人を描いたのだ。

同時代のイギリス探偵小説でもアガサ・クリスティ『スタイルズの怪事件』をはじめとして、富豪の館や貴族のカントリーハウスが舞台になることは少なくない。それでもスタイルズ荘とグリーン邸やハッター邸の印象は根本的に違う。血なまぐさい連続殺人事件は起きるにしても、あくまでスタイルズ荘の雰囲気は平明で日常的なのだ。ゴシック小説的におどろおどろしい、濃密な怪奇や恐怖の雰囲気は稀薄である。

イギリス探偵小説にグリーン邸やハッター邸の類似物を見いだすには、おそらくコナン・ドイルのバスカヴィル館まで時代を遡行しなければならないだろう。イギリス探偵小説に登場する館はほとんどの場合、古典劇における三一致の法則にも類比的な探偵小説の構造に由来している。犯人と被害者をふくむ事件の関係者と、事件が起きる空間および時間を限定すること。

大戦間のアメリカ探偵小説に不意に出現したゴシック的雰囲気の館という問題は、日本における探偵小説の受容過程を考える上でも無視できない。わが国では長いこと、海外傑作のベストテンでは『グリーン家殺人事件』と『Yの悲劇』が上位を占めてきた。

小栗虫太郎の黒死館はグリーン邸の影響下に構想されたに違いないし、それは横溝正史による戦後の代表作にも『本陣殺人事件』や『獄門島』に見られるように濃密な影を落としている。グリーン邸やハッター邸は、綾辻行人『十角館の殺人』を起点とする第三の波にも多大の影響をおよぼしてきた。

それにしても、過去のものと見なされていたゴシック様式の館が、どうしてまた大戦間アメリカ探偵小説の世界に不意に出現したのか。『グリーン家殺人事件』の舞台となる館は、たとえば次のように描写されている。

邸自体は二階半の高さで、その上に破風作りの尖塔と、煙突の先端がつき出ていた。様式は建築家たちが、多少軽蔑のひびきをもたせて、シャトー・フライボワイアンと呼んでいるものだったが、どんなにくさした呼び方をしてみたところで、灰色の石灰岩を畳みあげた、大きな正方形の館からにじみ出る、落ちついた威厳と、封建的な伝統の匂いは消し去るわけにはいかなかった。

訳注によれば「シャトー・フライボワイアン」とは「ゴチック式の一様式で建物全体が炎型に空に盛りあがったやかた」である。グリーン邸は「不吉な予感が与える荒涼とした雰囲気が、屋敷全体に蔽いかぶさっているかのよう」だし、庭木は「からみあった黒い骸骨のよう」で、語り手は「うす気味の悪い、不吉な予感に寒けが身うちをよぎるのを感じ」てしまう。

この館に住むグリーン家の人々について、「いわば自壊作用を受けている。（略）あまりにも長く地べたに転がしておいた果物のように、腐りかけの斑点が出てきている。思うに、金と暇がありすぎて抑制が少なすぎるんだね」と地方検事のマーカムは語る。「荒涼とした雰囲気」を漂わせるゴシック様式の館は、愛憎をわだかまらせて精神的に淀んだ一族を入れる建築学的な器としてたしかにふさわしい。

都筑道夫が指摘したように『グリーン家殺人事件』と『Yの悲劇』は、ともに「病的な雰囲気の一族のなかで、ゆがめられた幼い心が、書物に導かれて殺人を犯す、という物語」である。『グリーン家殺人事件』の場合「ゆがめられた幼い心」には、一家のシンデレラとしてメイドも同然に追い使われてきた犯人の生育史や家庭環境に加えて、遺伝的な要素も無視できないと探偵役のファイロ・ヴァンスは指摘する。犯人の父親は「有名なドイツの犯罪人で、人殺しもやっており、死刑の宣告をうけたが、スッツガルトの刑務所を逃亡して、アメリカに渡った」。ようするに「犯罪の潜在的可能性が、あの女の血には伝わっていた」、「犯罪への動機が強力になると、遺伝的本能が頭をもたげたのだ」とヴァンスは指摘する。

たとえ「潜在的可能性」であろうと犯罪者の素質が遺伝するという類の俗説は、この作品の執筆当時でさえ疑わしいものと批判されていた。精神分析をはじめとする二〇世紀の心理学に興味を抱いていたヴァン・ダインが、ロンブローゾ的な前世紀の犯罪人類学や犯罪遺伝学を素朴に信奉していたとは思われない。

『グリーン家殺人事件』の犯人は遺伝子に導かれると同時に、「書物に導かれて殺人を犯す」ことに注目しよう。犯人の「悪魔的な計画の根源をつきとめるためには、まず、あかずの書斎のことを考えねばなら」ないと探偵役はいう。「書斎はあの女の隠れ家になった。くそおもしろくもない、単調な毎日の生活からの避難所になった」。犯人は「あの犯罪学の蔵書に目を通した。気に入ってしまった。（略）グロッスの偉大な便覧に行き当たり、図解、実例までついて、あらゆる犯罪の手口」に通暁することになる。

犯行の動機は表面的には遺産を奪取することにある。しかしヴァンスが強調するところでは、犯罪者の「遺伝的本能」および「グロッスの偉大な便覧」の存在がグリーン家の連続殺人事件には不可欠の役割をはたしている。犯人は遺伝子に操られ、書物に操られて残虐な犯罪を繰り返したのだ。作者は犯罪の原因を、いわば犯人の人格や意識の「外」に設定している。都筑道夫が賞賛するように、『Yの悲劇』のクイーンは「病的な雰囲気の一族のなかで、ゆがめられた幼い心が、書物に導かれて殺人を犯す、という物語」を『グリーン家殺人事件』から引き継ぎ、さらに高い水準まで引きあげた。都筑によれば『Yの悲劇』の構想のポイントは、「ゆがめられた幼い心」を犯罪に導く書物が、「未完の書物、ということ」にある。

完全な原稿にさえなっていないもの、推理小説を書くためのシノプシスです。「Yの悲劇」でも、一家のあるじは死んでいます。その死んだ男が、「グリーン家」の書斎と同じように、死後、密閉された研究室に、しまいこんでおいた推理小説のシノプシスが悲劇のもとになるのです。

作中作をトリックとして使うアイディアはニコラス・ブレイクの『野獣死すべし』に継承され、作者=作品という近代的な自己同一性を解体する方向に展開されていく。近年では法月綸太郎が、「野獣死すべし」を参照しながら『頼子のために』を書いている。『グリーン家殺人事件』から『頼子のために』にいたる、テキストによる、あるいはテキストをめぐる犯罪を中心とした探偵小説の系譜については『ミネルヴァの梟は黄昏に飛びたつか?』で検討しているので、関心のある読者には参照をお願いしたい。

遺伝子や書物という人間の「外」にあるものが、あたかも人間を操るようにして犯罪をおこなわせる。両作とも「ゆがめられた幼い心」を描いているが、書物など「外」の存在に操られた犯人像の造形という点で、たしかに『Yの悲劇』は先行作『グリーン家殺人事件』を超えている。

ヴァン・ダインの第一作『ベンスン殺人事件』や第二作『カナリヤ殺人事件』の犯人は、自由意志で行動する自己完結的な近代人である。破産を免れるために、あるいは脅迫者を抹殺する目的で犯人は計画的な殺人を実行する。たとえば『カナリヤ殺人事件』の犯人は、「私は、愛するものたちを、不名誉や苦しみから救える、唯一の道を選んだ」と最後に告白する。「私は小学生ではありません。自分がとろうとしている行動の結果を計算し、そこに含まれている、いろんな要素をはかりにかけたあとで、危険をおかす決意をしたのです」と。

犯人は「小学生ではありません」というが、「小学生」とは責任能力を持たないか、あるいは不充分にしか持ちえない者を意味する。心神喪失状態でおこなわれた行為が罪に問われないように、社会は犯罪者を責任能力が認められる限りでしか裁きえない。善悪の判断能力を持ち、自分の行為の意味を正当に把握している者だけが、この社会では犯罪者として扱われる。

犯罪をふくむ人間的行為の根拠を人間の「外」に求めようとする発想は、古代や中世のものだろう。人間には抗しがたい運命に強制され、オイディプスが父を殺し母と交わるように。遺伝子と書物に導かれて犯罪に踏みこんでいく『グリーン家殺人事件』の犯人像は、ある意味で近代以前的である。ヴァンスが犯人を「いわば悪魔に憑かれていたようなものなのだ」と評するように、この人物は自己責任において行動する近代人とはいえない。「悪魔に憑かれ」て連続殺人を犯す近代以前的な犯罪者の棲み家には、モダニズム建築のアパートメントではなくゴシック様式の陰気な館がふさわしい。

ロンブローゾによれば犯罪者には一定の身体的特徴があり、それは原始人の特徴が隔世遺伝したものとされる。では『グリーン家殺人事件』の犯人は、一九二〇年代のマンハッタンに紛れこんできた原始人なのだろうか。第四作『僧正殺人事件』の犯人は前作の犯人像を方法的に徹底化したところから生じている。この人物もまた近代人の範疇から逸脱しているが、かならずしも過去に向けてとはいえない。犯人はアインシュタインとハイゼンベルクの時代の物理学者であり、「僧正殺人」とは「価値の観念を抽象化して、それぞれの価値のあいだに通約性を認めない数学者の行為」なのだ。ヴァンスは犯人の精神構造を次のように分析する。

どこかの遠い天体に生物が存在するという理論だけで、地球上の生活は二義的な重要さしかなくなる。たとえば何時間も火星をのぞいてみて、火星の住民が、われわれ地球上の住民より数においてまさり、知恵において優れているというような観念をもてあそんでいたあとでは、この地球上のけちな生活問題に適応するように、自分を再調整するのが困難だ。

以上の箇所は、ドストエフスキイ『悪霊』のスタヴローギンの議論を念頭に置いて書かれたのかもしれない。……仮に「きみ」が、月で「滑稽で醜悪な悪事のかぎりをつくしてきた」としよう。「月のあるかぎりきみの名前に唾が吐きかけられるだろうことを確実に知っているわけです。ところが、きみはいまここにいて、こっちから月を眺めている。だとしたら、きみが月でしでかしたことや、月の連中がきみに唾を吐きかけるだろうことが、ここにいるきみになんのかかわりがありますか」とスタヴローギンは問いかけるのだ。

ドストエフスキイが描いたスタヴローギンの極端な懐疑論的精神は、二〇世紀を覆うだろうニヒリズムと抽象的な暴力の歯どめない氾濫を不気味に予告している。グロテスクな

「僧正殺人」は、いわばスタヴローギンの末裔による犯罪なのだ。ユダヤ人絶滅計画をナチス中枢で担った大量殺人者アイヒマンの罪が、あたかも煩雑な官僚組織の彼方に消失してしまうように、二〇世紀的な殺人者を自己責任の観点から裁くことはできない。

結局、ファイロ・ヴァンスは犯人を毒殺してしまうのだが、この結末は『Yの悲劇』でも克明に踏襲されている。マーカムは探偵役の行為を、「きみは法律を自分勝手に適用した」、「これは殺人だ」と非難する。

「ああ、疑いもなくね」とヴァンスは浮き浮きとしていった。「そうとも――むろん。実にふらちきわまる……ねえ、うっかりすると、ぼくは逮捕されるのかい」

狂気じみて残酷なユーモアに彩られた、連続殺人事件の結末における以上のような奇妙な「軽さ」を、どのように読者は解釈するべきだろう。犯人に取り憑いた「悪魔」が古代や中世の産物であるなら、事件が近代的な法の守備範囲外であるとしても、探偵は神話的な「英雄」におのれを擬すことができる。しかし『僧正殺人事件』の犯人は、二〇世紀的なニヒリズムという「悪魔」に憑かれて連続殺人を犯したのだ。探偵役は近代的な法の範囲外で、犯人を死に追いやり事件の幕を引く。

　社会契約としての法を尊重する近代人の枠から踏みだしてしまった探偵は、すでに聖杯探究譚の英雄ではありえない。結末における筆の「軽さ」は、作者の躊躇を示しているかのようだ。『グリーン家殺人事件』から『僧正殺人事件』にいたる過程で見えてきたのは、探偵もまた犯人と同型的なニヒリストであるしかない二〇世紀的な必然性なのだ。

　ヴァン・ダインは『僧正殺人事件』を超える作品を書きえていない。以降の作品で探偵役は、おのれの二〇世紀的な空虚を無内容な衒学で隠蔽し続けるばかりなのだ。探偵という存在の運命をはてまで追跡する困難な作業は、『Yの悲劇』で『グリーン家殺人事件』を超えたエラリー・クイーンに引き継がれていく。

2 異様なワトスン役

アメリカで一九二〇、三〇年代に本格探偵小説の第一人者と目されていたS・S・ヴァン・ダインだが、第二次大戦後は急速に忘れ去られた。作家としての運命には、後輩のエラリー・クイーンと大きな違いがある。

日本でもヴァン・ダインの評価は長期低落の傾向にあるようだ。戦前には、たとえば「ヴァン・ダインの出現の結果は、探偵小説本道が餘りにもはつきりと指示されてもはや他の道を探す餘地がなくなつてしまつた」(浜尾四郎「探偵小説を中心として」)とまで絶賛された代表作『僧正殺人事件』だが、「EQ」終刊号(一九九九年)に掲載された「21世紀に伝える翻訳ミステリー　オールタイム・ベスト100」では、かろうじて十七位にランクアップされたにすぎない。ちなみに『グリーン家殺人事件』は四十二位。アガサ・クリスティが二作、エラリー・クイーンが二作、それぞれベスト10入りしている事実と比較して、寂しい結果といわざるをえない。

ちなみに一九四七年の江戸川乱歩による「黄金時代のベスト・テン」では、第一位の『赤毛のレドメイン家』、第二位の『黄色い部屋の謎』に続いて『僧正殺人事件』は第三位にあげられていたし、一九八五年の週刊文春「東西ミステリーベスト100」でも第九位を占めていた。

第三の波に属する若い作家のあいだで情熱を込めて語られる黄金期作家は、たとえばクイーンやディクスン・カーである。法月綸太郎による次のようなヴァン・ダイン評価が、今日では一般的といえるだろう。

だが、「推理小説論」の画期的な理念に比して、ヴァン・ダイン名義の実作は眼高手低の感を免れず、またその手法も不徹底であったといわざるをえない。(略)構成に技術的な失敗が多く、また人物描写と文章に精細を欠くために、歴史的な価値を除けば、あまり高く評価されていない。なかんずく彼の小説の根本的な弱点は、理論上は〈フェアプレイの原則〉を最重要視していながら、名探偵ファイロ・ヴァンスがひとりよがりで、時に説得力に欠ける容疑者の心理分析に頼って推理をする点である。

(「初期クイーン論」)

以上のようなヴァン・ダイン評価に、根本的な異論があるわけではない。正確を期すなら『推理小説論』の画期的な理念」の提起に加え、『グリーン家殺人事件』におけるトリック小説とゴシック小説の結合という試みもまた、この作家の無視できない功績である。パリの雑踏を背景として生じた探偵小説はイギリスの田園地帯のカントリーハウスを経由して、グリーン邸という反時代的なまでに重厚荘重な舞台を与えられた。クイーンの『Yの悲劇』や小栗虫太郎の『黒死館殺人事件』から第三の波の「館」ミステリにいたるまで、ヴァン・ダインが発明したコンセプトは後世に多大の影響をおよぼしている。

また『僧正殺人事件』では、犯罪の動機として二〇世紀的なニヒリズムが発見される。犯人を連続殺人に駆りたてる空虚な情熱は、不可思議な童謡殺人という事件の外見と、作中で一分の狂いもなく絶妙に均衡しているのだ。

瀬戸川猛資が「かの真犯人が誰をモデルに書かれているかも容易に想像がつくだろう。〈六十代の年輩〉〈ふさふさとした白髪〉といった風貌などそっくりではないか。当時、世界中のアイドルだった人物、アルバート・アインシュタインにちがいないのだ」(『夢想の研究』)と述べているように、現代数学や理論物理学の無底性を抱えこんで観念的に倒錯した犯人像には、否定できない二〇世紀的なリアリティが込められている。

先の引用箇所に続いて法月綸太郎は、「ヴァンスの説明は該博な知識をひけらかして推論の欠陥を隠そうとする傾向にあり、論理的に明白で首尾一貫しているとはいえない。ヴァン・ダインの小説が人気を得たのは、知的ゲームとしてすぐれていたからではなく、皮肉にも彼が切り捨てたはずのムード性、すなわち高踏的な雰囲気と装飾的なペダントリーを売り物にした作風が読者に喜ばれたからだった」とも指摘している。しかし、ファイロ・ヴァンスの気障で嫌味な饒舌には、もう少し深い意味があるのではないだろうか。

作中を右往左往して探偵役を盛りたてるキャラクターとして、ヴァン・ダイン作品には三人のワトスン役が配されている。地方検事マーカム、ヒース部長刑事、それにヴァンスの友人で顧問弁護士でもあるヴァン・ダイン。一人称の記述者という点では、第三の人物が本来のワトスン役といえる。

しかし、このワトスン役の影の薄さは尋常ではない。ほとんど常軌を逸している。たとえば『グリーン家殺人事件』が「久しいまえから私にとって、ふしぎの的だったのは」と書きだされているように、作品の冒頭部分にはワトスン役による「語り」が設定されている。ただし語られるのは事件の背景や人物紹介などで、記述者の主観性や内面性は完璧に排除されている。

背景説明や人物紹介が終わるとすぐに「ヴァンスと私」は、「フランクリン街とセンター街の角にある、古い刑事法廷ビルディングに自動車を乗りつけ」る。しかし「私」の行動が記述されるのは、ヴァンスと一緒に「四階にある地方検事局の事務所」を訪れたところまでにすぎない。あとは延々とヴァンスとマーカムの会話が続く。そのあいだワトスン役は一言も口を挟まないだけでなく、二人の会話にたいする感想や印象さえ、なにひとつとして思い浮かべることがない。

基本的には、以上のような記述が作品の最後まで続く。物語が一人称で語られているという設定を、読者は読み進むあいだに忘れてしまいかねない。『グリーン家殺人事件』だけでなく「マーダー・ケース」シリーズの全作品におなじことがいえる。

「紙のように薄い」ことで有名なロス・マクドナルドの私立探偵アーチャーと比較しても、はるかにワトスン役ヴァン・ダインの存在は薄っぺらだ。同時代に活躍したワトスン役、たとえばアガサ・クリスティのヘイスティングズには人格的な実質がある。少なからぬ読者が、軽率だが好人物のヘイスティングズにある程度まで感情移入できる。しかし『グリーン家殺人事件』や『僧正殺人事件』のワトスン役は、読者の感情移入をあたかも絶対的に拒んでいるようだ。

「語り」の人称問題は探偵小説形式において本質的な意味をもつ。登場人物の内面にたいいして透過的な、近代小説的な三人称視点で探偵小説を書くことは常識的には不可能だ。物語の進行過程で犯人の内面、探偵の内面を記述してしまえば探偵小説形式は破壊される。最後の謎解きに収斂されるように、探偵小説は周到に構成されなければならないからだ。
である以上、作者は一人称を選ぶしかない。しかし犯人および探偵の一人称もまた不可能だから、一人称の視点人物としてワトスン役が要請されざるをえない。

視点問題に重点をおく場合、探偵役の助手というワトスン役の属性は、かならずしも不可欠ではない。事件の関係者の一人、捜査側からは容疑者にふくまれる登場人物の視点で物語を記述することも可能だろう。ただしワトスン役が探偵役の助手や友人であれば、事件の関係者や容疑者だけでなく、探偵や捜査側の情報も読者に適切に提供することができる。

いうまでもなく「ワトスン役」という用語法は、ホームズ物語の記述者であるワトスン医師に由来している。『グリーン家殺人事件』や『僧正殺人事件』の作者は、コナン・ドイルによって確立されたワトスン役の存在を無造作に反復するように見せかけながら、ここにも二〇世紀的な断絶を持ちこんでいる。

探偵役ファイロ・ヴァンスのペダンティズムや過剰な饒舌は、この人物が抜け殻のように空虚でしかない事実を巧妙に覆い隠す。そうすることで作者は、ヴァンスが人間的な個性や明瞭な顔立ちを持つ近代小説的なキャラクターであるかのように読者に見せかけている。

このような文脈からいえば、表情も内面も自分の意見ももたない没個性なワトスン役は、ファイロ・ヴァンスの空虚な本質を正確に映す鏡である。この奇妙なワトスン役は、同時に視点問題をめぐる探偵小説の古典的コードを宙づり状態に置く。ヴァン・ダイン作品には、語るにあたいする内面を所有した特権的な「私」は存在しない。結果として一人称は明瞭な輪郭を失って曖昧化し、擬似三人称的な記述に解体されていく。

当然のことながら擬似三人称に近代小説的な客観性や普遍性は保証されない。ようするにバルザック的な神の視点ではありえない。一人称と三人称で截然と区分された近代小説の世界は、ヴァン・ダイン作品においてなにか異様なものに変貌している。

3 「魂」を奪われた小説形式

講談社〈現代思想の冒険者たち〉のシリーズで、第六巻『ルカーチ』が刊行された。この本の月報にエッセイを依頼され、ジェルジ・ルカーチの主著『歴史と階級意識』を斜めに再読してみた。

ルカーチと思想史的な類縁関係にある同時代の著作家に、エルンスト・ブロッホとヴァルター・ベンヤミンがいる。二人とも第一次大戦後のドイツで、ロシア革命の衝撃とマルクス主義の影響下にラディカルな思索を試みた思想家である。ルカーチ自身は探偵小説に言及していないが、ブロッホとベンヤミンは六十年後の今日でも充分に通用するような、きわめて水準の高い探偵小説論を書いている。エーコやモレッティやターニによる、現代イタリアのポストモダニズム探偵小説論の背後には、ブロッホおよびベンヤミンの仕事がある。

デビュー作『魂と形式』でルカーチは、最初にノヴァーリスを論じている。ルカーチにおいて、「魂」とはノヴァーリス的なロマン主義だ。さらにロマン主義的な「魂」を抑圧する社会性として、ルカーチの「形式」を理解することができる。『魂と形式』でルカーチは

「魂」と「形式」の和解、あるいは高次の統一を可能性として追い求めている。これはゲーテ以来のドイツ教養小説の正統的路線といえるだろう。

ドイツ語の「教養」には自己形成や自己構築という意味がある。ビルドゥングス・ロマンは教養小説ではなく、自己形成小説と訳されたほうが正確かもしれない。魂の純粋性を渇望し、芸術や恋愛や革命に生の情熱を高揚させるロマン主義青年は、必然的に社会の制度的な壁と真正面から衝突する。ゲーテのウェルテル（『若きウェルテルの悩み』）のように破滅してしまえば典型的なロマン主義ヒーローだが、教養小説の原点的なキャラクターであるウィルヘルム（『ウィルヘルム・マイスターの修業時代』）の場合は、めざす方向がウェルテルとは違う。青年的な魂の渇望を足蹴にして訳知り顔の大人に頽落《たいらく》することなく、しかもウィルヘルムは社会の形式性と和解できる可能性を探究するのだ。破滅型のロマン主義から生じながら社会性の獲得においてロマン主義の限界を超えようとする、これが教養小説＝自己形成小説のメインストリームといえる。

ドイツ文化圏の誠実な知識人の例にもれず、ルカーチの思想的な出発点は以上のような教養小説的な場所に見いだされていた。しかし第一次大戦とロシア革命の衝撃が、古典的で良識的な青年知識人の頭のネジを狂わせた。狂ったのはルカーチだけではない。ブロッホもベンヤミンも、『存在と時間』のハイデガーも、これら第一次大戦を通過した鋭敏な青年知識人のほとんどが、ハムレットの台詞を借用していえば「世界の関節がはずれた」という狂気じみた精神状態に追いやられた。

哲学者や思想家だけではない。ダダイズムのトリスタン・ツァラをはじめ、詩人、作家、音楽家、美術家などの芸術家にしても、頭のネジが狂ってしまったのは同様である。このリストには文化テクノロジーの急激な発達を前提として生じた、映画やレコードやラジオに関係する新型のアーティストも加えるべきだろう。

第一次大戦で「世界の関節がはずれた」ヨーロッパには、一九世紀的な人間観や芸術観を底から破壊するような二〇世紀的な芸術ムーヴメントが暴力的に氾濫しはじめる。ダダイズム、シュルレアリスム、フォルマリズム、未来主義、表現主義など文化史的にモダニズムあるいはアヴァンギャルドと呼ばれている運動である。

この時代はまたジャズエイジとも呼ばれる。日本でいえば、モダンガールがチャールストンに興じていた昭和初年代。ヨーロッパでモダニズム＝アヴァンギャルドが荒れ狂っていた時代に、アメリカでは二〇世紀的なポップカルチャーの時代が開幕していた。ジャズやチャールストン、キートンやチャップリンの映画、そして探偵小説が世界を席巻する。

特異な小説形式である探偵小説は「モルグ街の殺人」のエドガー・アラン・ポオによって発明された。この事実は否定できないが、探偵小説形式が固有の小説ジャンルとして確立されたのは大戦間の時代のことだ。探偵小説とはジャズエイジの小説形式、モダニズム＝アヴァンギャルドの時代の小説形式なのだ。こうした二〇世紀的な時代性に鋭敏な文学者や思想家が、たとえばブロッホやベンヤミンのように探偵小説に注目し、探偵小説論を構想したことは決して偶然ではない。

ロシア革命の大波にさらされ、ルカーチの祖国ハンガリーには革命的危機が訪れる。教養主義者だった青年ルカーチは革命家に志願し、結党直後のハンガリー共産党に参加する。革命政府の人民教育相ルカーチは、崩壊した前線を立て直すため逃亡兵の大量処刑を命じた事実もある。以上のような革命の修羅場を経験したのち『歴史と階級意識』を執筆するわけだが、この黙示録的大著において一九世紀的な理想主義はあからさまに死亡を宣告されている。革命家ルカーチは逃亡兵だけでなく、おのれの裡なるロマン主義的「魂」にたいしても仮借ない死刑宣告を下したようだ。

ワルツが流行しはじめたとき、カドリーユで育った老婦人は下品なダンスだと眉を顰めたという。一九世紀を代表する社交ダンスのワルツは、文学における教養小説に対応する。

ワルツにおける優雅と気品は、ルカーチふうにいえば「魂」と「形式」の絶妙な均衡の産物なのだ。しかし第一次大戦を通過した時代、全世界に熱病のように蔓延したのはチャールストンである。ワルツに眉を顰めた老婦人はこれを見て卒倒したに違いない。

おなじことがラインダンスにもいえる。関節を酷使し四肢を痙攣的かつ鋭角的に折り曲げる動作は、古典的な社交ダンスの優美で連続的な動作の対極にある。ブレイクダンスもおなじだが、これは人間が機械のぎくしゃくした動きを模倣したものだ。近代において、機械は人間を模倣していた。たとえば織物職人の代理物として自動織機は発明され、改良され続けたのである。人間の正確な代理物を作ろうとする情熱が一九世紀のテクノロジーを支えていた。

第一次大戦を体験した人間はチャールストンやラインダンスに見られるように、おのれの人間性を拒絶し、機械を模倣することに倒錯的な情熱を燃やしはじめる。機械のようにぎくしゃくした動作で踊ることは、機械とおなじく「魂」を奪われた人間にとって必然的な表現行為となるのだ。

大戦間の時代に大流行したチャールストンやラインダンスは、マリネッティの未来派的な美意識と至近距離で共鳴している。未来主義だけでなくフォルマリズムや表現主義にもおなじことがいえるだろう。一九世紀的な「魂」の微温性を否定し抹殺しようとする「形式」の過酷な自己運動、これがモダニズム＝アヴァンギャルドの精神である。

ドイツ表現主義がナチズムに、ロシア・フォルマリズムがスターリニズムに大勢として合流した結果も歴史の偶然ではない。ガンダムやエヴァンゲリオンさながら戦闘機や戦車と有機的に結合された不死身の兵士において、ニーチェ的超人の夢想を実現しようとしたナチズムも最高指導者を「鋼鉄の人」と呼んだスターリニズムも、モダニズム＝アヴァンギャルドの精神性を政治的に展開した比類ない二〇世紀的な絶対権力なのだ。

強制収容所で何百万、何千万という犠牲者を大量絶滅したナチズムおよびスターリニズムの異様な徹底性と過酷性は、人間が魂をもたない機械を模倣するという点においてジャズエイジのアメリカニズムと表裏の関係にある。

芸術的前衛を意味するアヴァンギャルドの語源は、ボリシェヴィズムの「前衛」観念に見いだされる。戦車のキャタピラが兵士の屍体を轢き潰すように、自立した「形式」は生半可な「魂」を轢殺し、無限に「前」に進もうとする。はじめて人類が目撃した第一次大戦の大量殺戮屍体の山は、「前方《アヴァン》」にたいする人間の強迫観念を極点まで煽りたてたのだろう。突撃命令が出されたあとも怯懦のため塹壕に残っている兵士は、その場で督戦隊という処刑部隊に射殺された。突撃すれば十人に九人は、敵軍の機銃掃射の餌食になる。しかし突撃しなければ、十人が十人とも敵前逃亡の罪で即座に射殺されるのだ。人間は「前方《アヴァン》」に突進するしかない。この状況でなお前に進もうとすれば、人間は魂のない機械を擬態するしかない。

ルカーチは「魂」と「形式」の和解という一九世紀的な夢想を放棄し、「魂」を轢き潰す絶対的「形式」の無窮運動に自己投入した。後半生のルカーチがソ連という絶滅収容所国家を美化し正当化する学問官僚として生きたことは、余儀ない妥協でも臆病な保身の結果でもない。ルカーチによる思想的選択は二〇世紀的なテロリズムを自己肯定する立場に到達せざるをえない。この点にかんして、本音を吐けば即座に処刑という条件性を一応のところ解除された晩年においてさえ、ルカーチは釈明や弁明をする必要など感じなかったようだ。二〇世紀マルクス主義者＝スターリニストとしてルカーチは、死ぬまで非転向を貫いたというべきだろう。

第二次大戦によるナチズムの敗北後、大戦間のモダニズム＝アヴァンギャルドの精神はアメリカニズムとして、ようするにポップカルチャーとして生き延びた。ダリのシュルレアリスム絵画は、アンディ・ウォーホルのポップアートに変形され継承された。探偵小説の場合にも同様のことがいえる。

浦賀和宏の『記憶の果て』では、本格嫌いの主人公が「さっきまで生きて動いていた人間が、今は死んで動かないんだぞ。そういう現実を前にして、よくそんなに冷静でいられるな」、「どいつもこいつも沈着冷静で、犯人は誰だ、密室のトリックはどうだ、アリバイはどうだとか」と口にしている本格作品の探偵役を指弾する。

「さっきまで生きて動いていた人間が、今は死んで動かないんだぞ」。こうした主人公の言葉に本格探偵小説は、大戦間のモダニズム＝アヴァンギャルドの精神を継承し、「だからどうした」と反問するだろう。突撃命令を拒否すれば百パーセントの死、だから突撃して十パーセントに満たない生の可能性を求めるしかないという過酷な体験を生きた者にとって、「さっきまで生きて動いていた人間が、今は死んで動かない」ことなど路傍の小石ほどにも凡庸で日常的な出来事でしかない。

路傍の小石ならぬ戦場の白骨と化した何百万、何千万という世界戦争の戦死者はむろんのこと、紙一重で生還しえた兵士も戦略爆撃にさらされた後方の民間人も、すでに「魂」を犬に喰わせている。これは、二〇世紀の絶対戦争を体験した世代に固有の問題ではない。筆者のような戦中派の子の世代も孫にあたる浦賀和宏も、おなじ刻印を精神に押されているのだ。直接には戦争を知らない世代も大量死の体制の裏返しである大量生の社会に生まれ育った以上、「魂」を蹂躙する「形式」に呪われている。

　地下鉄サリン事件の実行犯の医者が裁判所で真剣に反省の態度を見せ、死刑でなく無期懲役を求刑された。この医者の「反省」を信じられるだろうか。反省の態度が裁判用の仮面だろうと疑うからではない。この医者は麻原彰晃の言葉を真面目に信じて無差別テロを実行した。逮捕されて以後は無差別テロを真面目に反省している。いずれにせよ大真面目なのだ。真面目である自分を疑うという思想性がこの医者にはない。一九世紀的な――日本では戦後民主主義的な――「魂」と「形式」の対立関係がすでに前提として失われている。

　逮捕されて簡単に「反省」してしまうような人間が、凶悪な無差別テロを容易に行使できるという事態にわれわれは驚かなければならない。ここには「主義者」の確信犯的な犯罪はない。確信犯が悔悟するとき、この転向に思想的な重量を感じることは可能だろう。しかし「魂」のない人間が、どうして他人を殺したことの反省ができるのか。ここには転向の精神的ドラマさえ存在しない。

　二つの世界戦争を通過した時代では犯罪も悪も、サリン事件の被告のように瑣末で凡庸なものとしてあらわれる。簡単にデマゴギーを信じ安直に反省してしまう人間は、次の機会にまた簡単に大量殺戮を実行するだろう。「人情不感症」(江藤淳)な探偵小説は、二〇世紀的な必然性を小説的に形式化する意志において生じた。

ポオが発明した奇妙な小説形式を、二〇世紀的な小説形式として再発見したのは、第一次大戦をボランティア看護師として体験したイギリス女性、アガサ・クリスティである。四肢を吹き飛ばされ毒ガスの後遺症に喘ぐ半死半生の負傷兵を、野戦病院で看護した若い娘が、なぜポアロのような「人情不感症」なロボット的キャラクターを創造したのか、浦賀和宏の主人公は多少とも想像力をめぐらせるべきだろう。

4 大量生と「大きな物語」のフェイク

エドガー・アラン・ポオ「モルグ街の殺人」が起源であるとするなら、探偵小説形式は一九世紀の中頃に発生している。しかし、そのジャンル的な確立や広範な影響力の獲得のためには、二〇世紀の世界戦争という破壊的な経験が不可欠だった。英米の大戦間探偵小説には第一次大戦の、日本の戦後本格には第二次大戦の大量死という過酷な体験が濃密な影を落としている。

探偵小説の興隆の背後に世界戦争と大量死の経験を見いだす視点からは、一九八〇年代の後半に生じ九〇年代を通じて発展した現代日本の探偵小説運動（第三の波）を、どのように把握しうるのだろう。いうまでもなく第三の波は、第一次大戦や第二次大戦のような大量死の経験から直接に生じたわけではない。

この点について『探偵小説論II』では、「第一次大戦の大量死の経験が、大戦間の大量生をもたらした。同様に第二次大戦と絶滅収容所の大量死が、『平和』的形態で遂行される世界戦争の時代の、ワイマール社会よりも徹底化された大量生を西側諸国にもたらした。ワイマール社会の大量生がナチズムに、第二次大戦とユダヤ人虐殺の大量死に帰結したように、冷戦を国内的に構造化した戦後日本社会の大量生は、七〇年代の連合赤軍事件や八〇年代の宮崎事件という異様な死の経験をもたらした」と述べている。

第一次大戦の塹壕戦が効率的に生産した数百万という膨大な死者には、大量、匿名、無個性、無意味、無差異といった特徴が認められる。このような特徴はいずれも内面に無限を宿した労働人、理性人としての近代的人間のグロテスクな反対物だ。注目しなければならないのは、塹壕戦における死者の大量性や匿名性が、第一次大戦を生き延びた生者の存在形態をも規定しはじめたことだろう。権利主体としての人間が構成する一九世紀の市民社会は、こうして二〇世紀的な群衆社会に変貌する。

空談と暇潰しに惑溺し、スキャンダリズムとセンセーショナリズムの波間をクラゲのように無力に漂う群衆から、もはや一九世紀的な理性人や労働人の理想は失われている。ワイマール期のドイツ都市社会に充満した群衆を、マルティン・ハイデガーは「世人自己《ダス・マン》」と命名して徹底的に批判し、ナチス革命に民族的現存在の覚醒を見た。しかし皮肉にも、ナチス政権はハイデガーが批判した群衆の権力としてのみワイマール共和国の廃墟に誕生しえたのである。理性人の自己破壊である群衆には、無責任なデマゴギーに流され乱反射的に過激化、暴力化する傾向がある。

大量死と大量生は、二〇世紀的な群衆存在を表と裏から定義する。という点からは、英米の大戦間探偵小説や日本の戦後探偵小説は大量死の経験から、第三の波は一九八〇年代の大量生を背景に生じたともいえるだろうが、この論証には不充分なところがある。第一次大戦の衝撃で開幕した二〇世紀とは、大量死＝大量生の時代、あるいは群衆の時代だった。とすれば、いつでもどこでも探偵小説は、大量死＝大量生の時代の小説形式として有効だったことになる。しかしそうした事実はない。日本でいえば昭和初年代（第一の波）、昭和二〇年代（第二の波）、そして『十角館の殺人』以降の第三の波という具合に断続的にしか、探偵小説が積極的に書かれ、また読まれたジャンル的な繁栄の時期は見いだしえない。

大量死＝大量生を存在形態とする群衆とは、いわば「人形」である。とすれば一九世紀を「人間の時代」、第一次大戦後の二〇世紀を「人形の時代」と定義することも可能だろう。大澤真幸『虚構の時代の果て』の言葉に置き直せば、一九世紀が「理想の時代」、二〇世紀が「虚構の時代」ということになる。大澤は日本の戦後史に即して、敗戦の一九四五年から連合赤軍事件の七二年までの前期戦後を「理想の時代」、それ以降の後期戦後を「虚構の時代」と特徴づけている。この点からすれば、敗戦から七〇年代初頭まで日本人は、ある意味で「一九世紀」を生きていたといわざるをえない。

以上の事実は、かならずしも理解困難ではないだろう。戦前社会の「前近代的・半封建的」な性格が敗戦という破局をもたらした。この「後進性」から脱却するためには啓蒙と勤労、戦後民主主義と合理的な経済発展を追求しなければならないという国民的な合意が、第二次大戦後の日本には強固なものとして存在したのだから。松本清張の社会派ミステリは、こうした戦後社会の傾向がミステリ文学に反映したものだ。

ところで「虚構の時代」とは、東浩紀によれば「大きな物語がフェイクとしてしか機能しない時代」である。「虚構の時代」を「人形の時代」に重ね、さらに「人形の時代」を「群衆の時代」に重ねることが妥当なら、二〇世紀は全体として「大きな物語がフェイクとしてしか機能しない時代」だったことになる。リオタールのポストモダン論では不明確だが、歴史的に異なる二タイプの「大きな物語」が存在したのだ。

リオタールは「大きな物語」の例として「《精神》の弁証法、意味の解釈学、理性的人間あるいは労働者としての主体の解放、富の発展」(『ポスト・モダンの条件』)などを列記しているが、たとえば「労働者としての主体の解放」には、歴史的に異なる二タイプの「大きな物語」が見いだされる。第二インターナショナルに統合された一九世紀社会主義、第二インターを攻撃して登場した第三インターナショナル（コミンテルン）の二〇世紀共産主義である。前者の指導理念はエンゲルス、次いでカール・カウツキーを代表的理論家としたマルクス主義、後者はレーニン主義（ボリシェヴィズム）だった。

ロシア革命とコミンテルンが、第一次大戦の廃墟から誕生したことを忘れてはならない。一九世紀社会主義が、啓蒙と勤労による社会発展という近代的理念の左翼版だったとすれば、二〇世紀共産主義は大量死＝大量生の歴史的現実を土台として成長した、そのグロテスクなフェイクにすぎない。第一次大戦はボリシェヴィズム、次いでナチズムという異様に徹底的で過酷な政治思想を生じさせる。ともに効率的な大量死システムを内包した絶滅収容所国家に帰結したように、前者は一九世紀社会主義のフェイク、後者は近代的なナショナリズムのフェイクだ。

ボリシェヴィズムとナチズムを、近代以前的な専制や独裁や野蛮と等置することはできない。これらはいずれも、一九世紀の近代的人間と市民社会の廃墟から必然的に生誕した二〇世紀の「大きな物語」、正確にいえば「大きな物語」のフェイクなのだ。ボリシェヴィズムもナチズムも、たとえば勤労の価値を掲げた点で一九世紀の「大きな物語」を踏襲している。そのグロテスクなフェイク性は、両者が建設した強制「労働」収容所という暗澹たる事実からも明らかだろう。プロテスタンティズムから派生した勤労の精神は、絶滅にいたる強制労働という陰惨な現実に転化した。

このように「大きな物語」には一九世紀的なそれと、二〇世紀的にフェイク化されたそれとの二タイプがある。ポストモダン社会はたしかに「大きな物語」を失効させるのだが、影響力を失った「大きな物語」がたとえば一九世紀社会主義と二〇世紀共産主義のように二重底をなしていた事実には、あらためて注意しておかなければならない。

ところで二〇世紀の「大きな物語」にはナチズム、続いてボリシェヴィズムと世界史の覇権を争い、最終的に勝利したところの第三のパターンがある。いうまでもなくアメリカニズムだ。

日米開戦の一九四一年に刊行された『娯楽としての殺人』でハワード・ヘイクラフトは、第二次大戦前夜にドイツやイタリアで探偵小説が禁止されたのは、この小説形式が「秘密警察《ゲシュタポ》や国家政治保安部《ゲー・ペー・ウー》システム」、「道化たドイツ議会火災《ライヒスターク・ファイアー》裁判や不合理なスターリン粛清《パージ》法廷」（林峻一郎訳）と原理的に対立しているからだと強調している。「犯罪小説から区別された本当の探偵小説は、読者の共感が法と秩序の側にあって、正義から逃れようとする犯人にはないような安定した社会でのみ、繁栄する」というヒューアト・オブ・バリの言葉を引用し、ヘイクラフトは「探偵小説は本質的に民主的な慣習の産物」であると結論する。

イタリアやドイツのように、独裁政府が輸入探偵小説を読ませないようにするのも、よくわかる。なぜなら、明らかに理性の修練とそれほど切っても切れない探偵小説という文学形式が、プロパガンダを無批判に受けいれさせなければやっていけないような略奪的な覇権主義《ヘゲモニー》によって、歓迎されるわけがないからだ。総統原則《フューラー》と論理的な思考とは、ただただ水と油のように相いれないものだ！

ヘイクラフトに代表される探偵小説＝市民文学論の錯誤は明らかだろう。ファシスト党がクリスティ作品をイタリアから追放したのは、大量死による二〇世紀的なニヒルという共通の根からファシズムも探偵小説も生じているからだ。ファシスト党は文化的な競争者として探偵小説を排除したのである。

表現主義やフォルマリズムをはじめとする一九二〇年代のモダニズム＝アヴァンギャルド芸術運動の一部は、三〇年代にドイツではナチズム、ソ連ではボリシェヴィズムに合流した。合流を拒んだ一部は徹底的な弾圧にあう。英米の探偵小説運動と大陸のモダニズム

=アヴァンギャルド芸術運動の照応にかんしては、『探偵小説論』連作で検証したとおりだ。イタリアやドイツで探偵小説は、モダニズムの抵抗派が弾圧されたのとおなじ論理で禁止され追放された。

ヘイクラフト的な観点では、ナチズムやボリシェヴィズムは前近代的な圧政や暴力支配の体制に還元される。これと相即的に、両者と世界史の覇権を争ったアメリカの国家イデオロギーもまた、人権や民主主義という一九世紀の市民社会的な理念に等置されてしまう。しかし第二次大戦を戦ったアメリカ国家のイデオロギーは、一九世紀的な市民社会理念と同一ではない。一九世紀アメリカと二〇世紀アメリカには無視できない歴史的な断絶がある。二〇世紀的なアメリカニズムもまた、収容所国家に帰結したナチズムやボリシェヴィズムと同様、第一次大戦の大量死と近代的人間の廃墟から生じたのだ。

群衆革命によって成立したソ連や第三帝国と比較して、大西洋を挟み第一次大戦を間接的に体験したにすぎない二〇世紀アメリカ国家の群衆性や虚構性は、かならずしも明瞭とはいえない。しかし二〇世紀アメリカニズムが、独立宣言やフランクリンの名前で記憶される前世紀の精神と断絶している事実は疑いえない。

第二次大戦に際してアメリカもまた強制収容所を設置している。たしかにアメリカの日系人収容所はドイツやソ連の強制収容所と比較して小規模だし、収容者が絶滅されたわけではない。としても権利主体としての国民を超法規的に分割し、違法者でもない少数派を一方的に拘禁できるという異様な論理は、ナチズムやボリシェヴィズムのそれと原理的に変わらない。日本軍やドイツ軍が発明した戦略爆撃を、原爆投下という極限にまで徹底化したのもアメリカである。

三〇年代のドイツやイタリアで、探偵小説はモダニズム＝アヴァンギャルド芸術運動と同様に文化的な競争者として追放された。アメリカでは反ファシズム世界戦争の国策イデオロギーに無批判に合流し、アメリカニズムという二〇世紀的観念と思想的に対決しえない限界性を露呈して、探偵小説はジャンル的に無力化したのである。稀有な例外として、『災厄の町』から『ガラスの村』にいたるエラリー・クイーンの軌跡は無視できないが。

このように、大量死＝大量生という二〇世紀的な現実から生じた探偵小説形式は、おなじ土壌から成長したファシズムによって追放された。より深刻な結果をもたらしたのは、おなじ二〇世紀的観念であるアメリカニズムに、ほとんど無抵抗に呑みこまれたことだろう。第二次大戦を目前にしながら、アメリカ探偵小説は創造性と影響力を急速に喪失していく。

おなじように近代的人間の廃墟から生じた二〇世紀的観念だが、ボリシェヴィズムやナチズムとアメリカニズムのあいだには相違がある。前者がヒューマニズムを蹂躙する二〇世紀的観念であることを露骨に表明するのにたいし、後者は一九世紀的なものとの連続性を執拗に擬態し続けた点だ。これは大量死＝大量生へのスタンスの相違ともいえる。

5 アメリカニズムと「小さな物語」

大澤真幸が提起した「理想の時代」と「虚構の時代」、東浩紀による「動物化」、リオタールの「大きな物語」をめぐる議論などを検討しながら、第三の波が誕生した歴史的背景を論じてきたわけだが、いささか記述が錯綜してきたようだ。この辺で問題を整理しておきたい。

第一次大戦を分水嶺として一九世紀と二〇世紀は分割される。機械化された大量殺戮は近代的な人間像を致命的に破壊した。近代的な人間観では内面的な魂は普遍的な精神に、社会制度は理想状態に、労働者階級は革命主体に必然的に成長するものと信じられていた。それはヘーゲルによる労働と教養の弁証法、アダム・スミスの経済学的予定調和論、また晩年のエンゲルスの発言を典拠とする第二インターナショナルの議会革命論などに基本的に同型のものとして見いだされる。また「進歩」をめぐる近代的理念の文学形式として、たとえば教養小説がある。

内面的な魂としても外面的な社会制度の問題としても、人間は調和的な理想状態に向けて進歩していくという理念を、第一次大戦の大量殺戮戦は土台から破壊した。機関銃の弾丸が無数に乱れ飛ぶ戦場では、凡人も英雄も区別のない大量死が出現する。もはや「死」は人格的完成の特権的な到達点ではありえない。「死」は無限に凡庸化される。塹壕に山をなした兵士の大量屍体は、産業廃棄物のごとき無意味なモノに還元されてしまう。

このように第一次大戦の経験は、近代的人間の理念を完膚なきまでに破壊した。ヒューマニズムの主体は消滅し、英雄でもありうる私、固有の名前をもつ私、意味ある私は抹殺された。そして生誕したのが、二〇世紀的に無個性で凡庸な私である。名前さえ奪われた、抜け殻のように空虚な私。一九世紀を「人間の時代」とすれば、二〇世紀は「人形の時代」ということになる。この場合の「人形」とは、一応のところ人間のような格好をしているが、すでに人間の定義から逸脱した過渡的存在である。

近代的な人間像の解体と相即的に、一九世紀的な「大きな物語」も消滅したことを忘れてはならない。たとえば第一次大戦の衝撃で、労働者階級は革命主体に必然的に成長するという一九世紀的な進歩主義の社会主義版は失効した。他方、アダム・スミス的な経済的自由主義は、ソ連はむろんのこと第二次大戦に向かう過程でドイツ、日本、アメリカでも国家統制経済に変質していく。自由な経済行為の主体が相互交渉する市場の代わりに、無秩序な群衆を外的に統制する国家が無際限に肥大化した。このように社会主義や自由主義という近代の「大きな物語」は、いったん土台から崩壊したのである。

もはや人間ではないが、人間だった時代を忘れることのできない「人形」は、人間を擬態する。人間のフェイクである「人形」は、失われた「大きな物語」に代わるものとして、「大きな物語」のフェイクを不可避に産出するのだ。このような倒錯的論理はハイデガーの死の哲学において典型的である。二〇世紀的に凡庸で無意味な「死」という事実に、ハイデガーは特権化された「死」を対置する。死に先駆することで見いだされる実存の本来性とは、人間を擬態したいという「人形」の倒錯的な欲望の産物に他ならない。

ハイデガーの死の哲学に見られるように、抜け殻と化した空虚な主体性はグロテスクなまでに徹底化された観念を呼びこんでしまう。こうして生じる二〇世紀的な「大きな物語」を代表するものとして、ナチズムおよびボリシェヴィズムがある。二つの全体主義と世界史の覇権をめぐって闘争したのは、近代的なリベラル・デモクラシーではない。

議会制民主主義の前提である有権者主体、自由資本主義を可能とする企業家主体は、いずれも近代的人間から派生した。しかし一九世紀的な主体性は第一次大戦において死滅している。ドイツの有権者はワイマール共和国を否定しナチズムを選択した。自由企業制の論理をヨーロッパ諸国よりも徹底化したアメリカにおいても、政府によるケインズ主義的な統制経済は不可避となる。

一九四五年にナチズムに、一九八九年にボリシェヴィズムに歴史的勝利をおさめたのは、イギリスとフランスを母国とする一九世紀的なリベラル・デモクラシーではなく、二つの全体主義と同様に近代的な人間観や社会観の否定であるアメリカニズムだった。アメリカニズムもまた二〇世紀的な「大きな物語」といえるが、これには奇妙な性格がある。

アメリカニズムは二〇世紀的に空虚な主体性を、ナチズムやボリシェヴィズムのように過剰な観念で充塡しようとはしない。アメリカニズムの場合、観念の代理として機能するのは過剰な消費物なのだ。ケインズ的な経済政策に裏打ちされた大量生産と大量消費のフォード主義的メカニズムが、それを可能ならしめた。二〇世紀のアメリカで抽象的な空虚な主体性は、世界共産主義革命や国民社会主義革命といった過剰な観念の代わりに、自動車や冷蔵庫やハリウッド映画という華麗な消費物で内容的に満たされたともいえる。二〇世紀アメリカは古典的な市民社会を不徹底に温存したフランスやイギリスにたいし、まさに群衆社会のキャピタリズムを実現したのだ。

解体された空虚な人間主体である群衆は、過剰な観念を必然的に吸引する。過剰な観念は空虚な群衆存在に擬似的な意味を充塡し、それを理念的に形式化しようとする。しかし歴史が示しているのは、没倫理的で無節操な群衆をそれ自体として肯定するアメリカニズムの最終的な勝利だった。

ナチズムやボリシェヴィズムのような、実存的空虚を過剰な観念で埋めあわせるシステムを、アメリカニズムは原理的に必要としない。アメリカニズムは日常人の凡庸な欲望を無限肯定する。二つの全体主義にも日常人の凡庸な欲望に応えようとする傾向はあった。たとえばナチス政権は、国民車《フォルクスワーゲン》を開発し大衆に提供することを計画した。あるいは二〇世紀的なメディアである映画を、大衆動員のための新たなエンターテインメントとして活用した。しかしこうした傾向もまた、大衆的欲望を禁圧する「大きな物語」に従属的に組みこまれてしまう。

自動車や映画をめぐる大衆的欲望の無限肯定は、アメリカニズムという二〇世紀の「大きな物語」に奇妙な性格をもたらしている。ある意味でアメリカニズムは「大きな物語」の体裁をなしていないのだ。自動車や冷蔵庫、ハリウッド映画や大衆音楽などに代表された消費物と、それらに吸引される大衆的欲望の総体がアメリカニズムである。いわばアメリカニズムとは、日常人の凡庸な欲望をパターン化する「小さな物語」の膨大な集積にすぎない。

アメリカニズムの実体は、無数の「小さな物語」で満たされたアメリカ的生活様式であり、かならずしも「イズム」として理念化されていない。自前の人間観、社会観、世界観が欠如しているのだ。ナチズムやボリシェヴィズムに対抗し、政治的あるいは社会的な「大きな物語」として振るまおうとする場合、すでに存在しない一九世紀的なリベラル・デモクラシーをアメリカニズムは擬態することになる。

ナチズムやボリシェヴィズムと同様、アメリカニズムも近代的な「大きな物語」の廃墟から生じた二〇世紀の「大きな物語」である。しかし前二者が、たとえフェイクにすぎないとはいえ新しい人間観や世界観を基礎に「大きな物語」を樹立したのにたいし、二〇世紀的な「小さな物語」の無秩序な集積を一九世紀的な「大きな物語」で擬似的に統合するという、キメラ的に奇妙な性格がアメリカニズムにはある。

いずれも「人形」が人間を擬態しているわけだが、大量死の直接の衝撃から生じたボリシェヴィズムおよびナチズムの場合、二〇世紀的な凡庸性や無意味性に抵抗する「新しい人間」の観念が支配的である。しかしアメリカニズムは、大量死の陰画としての大量生を必然性として承認する。換言すれば、アメリカニズムには「人形」を自己肯定する側面が無視できない。人間を擬態する作為は、近代的なリベラル・デモクラシーを僭称するところに認められるにしても。

要約すれば二〇世紀とは、第一次大戦から生じた二つの全体主義とアメリカニズムの闘争、そしてアメリカニズムの勝利の歴史である。しかしアメリカの勝利を、二つの全体主義という二〇世紀的な「大きな物語」にたいしての、一九世紀的なリベラル・デモクラシーの勝利と誤解してはならない。ナチズムやボリシェヴィズムという二〇世紀の「大きな物語」は、T型フォードやハリウッド映画、冷蔵庫やティッシュペーパー、コカ・コーラやマクドナルドなど無数の「小さな物語」の前に敗退したのだ。

大澤真幸による「理想の時代」を以上の文脈に置き直すなら、それは第一次大戦以前の近代ということになるだろう。ようするに「人間の時代」である。第一次大戦の衝撃で近代の人間的「理想」は崩壊し、二〇世紀という「虚構の時代＝人形の時代」が到来した。この時代には、「大きな物語」はフェイクとしてしか存在しない。近代社会主義のフェイクであるボリシェヴィズム、近代ナショナリズムのフェイクとしてのナチズム、リベラル・デモクラシーのフェイクに他ならないアメリカニズムが三つ巴で覇権を争うことになる。

日本ではアメリカやヨーロッパと事情が異なっていた。第一次大戦を無傷で通過した日本では、一九世紀的な「理想の時代」が一九六〇年代まで続いたのだ。むろん、なんの断絶もなく平板に持続したとはいえない。一九世紀的な近代国家として組織された明治国家の危機から、総力戦を戦うものとして戦時天皇制国家が生じた。しかし第一次大戦を経験していない日本の総力戦国家化は、第三帝国やソ連やアメリカ国家の二〇世紀性と比較して不徹底であり、太平洋戦争は日本の敗北に終わる。

第二次大戦で三百万の死者を出した日本は、ようやく大量死の二〇世紀という歴史認識に達しえたはずだが、戦後精神の主流は一九世紀的な「理想の時代」の閉域に自己閉塞し続けた。それは二重の錯誤の結果だった。ソ連やドイツの総力戦体制を参照例とした戦時天皇制国家は、世界戦争を戦う二〇世紀国家をめざしたものであるのに、これを「前近代的・半封建的」、ようするに一九世紀以前的と見なした錯誤が第一だ。

日本に無条件降伏を要求したアメリカ国家もまた、第三帝国やソ連と同時代の非情な二〇世紀国家であるのに、アメリカニズムを一九世紀的なリベラル・デモクラシーと同一視した錯誤が第二だった。これら二重の錯誤を前提とした戦後精神は、敗戦直後に露呈された大量死の深淵を無自覚に隠蔽し、日本は一九五〇年代の戦後復興から六〇年代の高度経済成長への道を走りはじめる。大澤真幸が「理想の時代」の典型として六〇年代をあげるのは、この点で誤りとはいえない。時代錯誤的に「理想の時代」を生きていた日本人も、七〇年代に入るや時代の変化を感じはじめることになる。大澤は「虚構の時代」の典型を八〇年代に見た。

社会主義という「大きな物語」のフェイクであるボリシェヴィズムは、六〇年代後半のチェコ事件と中国文化大革命の暗部、七〇年代後半のカンボジア虐殺事件と中越戦争、あるいはソルジェニーツィン『収容所群島』刊行による思想的衝撃などのため、急激に影響力を喪失する。八九年の東欧社会主義政権の連続倒壊と、九一年のソ連邦解体の歴史的前提はすでに整えられていたのだ。「虚構の時代」を「大きな物語」がフェイクとしてしか存在できない時代と定義するなら、社会主義のフェイクであるボリシェヴィズムが失墜し倒壊にいたる八〇年代とは、典型的な「虚構の時代」というよりも「虚構の時代」以降を先取りした時代ではないかという疑問が生じる。

第一次大戦を無傷で通過した日本は、さまざまな歴史的曲折を通じて一九八〇年代に、ようやく「人形の時代＝虚構の時代」の頂点に達した。しかし世界史的に見れば、八〇年代とは「人形の時代」から次の時代へ、二〇世紀から二一世紀への移行を準備する一時代だった。二〇世紀的なものと二一世紀的なものが多様に交錯した日本の一九八〇年代では、ポストモダンなサブカルチャーが旺盛に繁茂することになる。当初「新本格」と呼ばれた第三の波もまた、このようなサブカルチャーあるいはポストモダンな大衆文化の一翼として生じている。

これまでの人生を前後に分けるとしたら、転換点は東欧革命と社会主義の崩壊で記憶される一九八九年だったと思う。

レーニンが予言したように二〇世紀が「世界戦争と世界革命の時代」であるなら、それは冷戦が終結し社会主義が崩壊した時点で実質的に終わった。たとえ年表的には二〇〇〇年まで、あと十一年は二〇世紀が続くとしても。

同じことが二〇世紀の起点についてもいえそうだ。世界戦争の時代が開幕する一九一四年までは、年表的には二〇世紀に入っていても、ベル・エポックと称される一九世紀の延長のような時代がヨーロッパでは十数年も続いていた。「世界戦争と世界革命の時代」としての二〇世紀は、一九一四年にはじまり一九八九年に終わったと考えるべきではないか。

「世界戦争と世界革命の時代」とは、第一次大戦後にヨーロッパ諸国を席巻したモダニズム＝アヴァンギャルド芸術運動にも体現されるように、一九世紀的人間の絶滅と大衆ニヒリズムの世紀だった。二〇世紀の二つの焦点は一九三三年と一九六八年で、ナチス革命が勝利した前者は第一次大戦後の相対的安定期が終わった事実を世界に突きつけた。一八四八年に続く新たな世界革命としての後者は、第二次大戦後の安定期の終焉を。

二十歳で六八年革命を通過した者として、スタンダールやバルザックがナポレオン戦争後の一九世紀青年を描いたように、自身を含む二〇世紀青年の特異な運命を小説で描きたいと思っていた。しかし体験を小説化するための術が見いだせないまま、時間は過ぎていく。

新たな発想は、パリの屋根裏部屋で、『テロルの現象学』の草稿を書いているときに閃いた。いかに特異な体験であろうと、作品空間に封じることのできる探偵小説の高度な形式性に思い当たって、少年時代に愛読した『僧正殺人事件』と『エジプト十字架の謎』を手本に小説を書いてみることにした。

三ヵ月ほどで書き終えた『バイバイ、エンジェル』では、探偵および犯人として二人の二〇世紀的な青年観念家が闘争する。二人の人物に託した作者の思いが溢れすぎて、この小説を探偵小説以外で書くことは困難だった。書きはじめても書き終えることはできなかったろう。ただし探偵小説では、主題的な着地点に到達できようができまいが、謎が解かれたときに小説は終わる。帰国して数年後に『バイバイ、エンジェル』は、もろもろの幸運な事情から世に出ることになった。

一九八九年の世界史的事件に触発されて、自身が生まれ育った二〇世紀という時代の意味を考えはじめたときのことだ、最初の小説が探偵小説として書かれたことの意味を、あらためて自覚しえたのは。二〇世紀の開幕を告げた第一次大戦の破壊と絶滅と塹壕の屍体の山を背景に生じた点で、モダニズム＝アヴァンギャルド芸術と探偵小説は共通するのではないか。とすれば二〇世紀青年の運命を探偵小説で描くという発想には、書きやすい形式だという以上の必然性があった。

矢吹駆連作はヴァン・ダインのマーダーケース・シリーズやエラリー・クイーンの国名シリーズを模して、当初から全十作を予定していた。『バイバイ、エンジェル』の刊行から四年のうちに第三作まで続けて書いたのだが、それ以降は伝奇ＳＦシリーズの執筆に専念することになる。探偵小説以外でも書けるのだから、探偵小説に拘泥する必要はないと感じていたのかもしれない。

矢吹駆連作の第四作として『哲学者の密室』の雑誌連載をはじめたのは、一九九一年のことだ。二〇世紀小説としての探偵小説の歴史的意味を確認したからこそ、八年の空白を挟んで連作を再開することもできたのだと思う。この探偵小説連作を、二〇世紀青年の運命を描く全体小説として書き継いでいくこと。

『哲学者の密室』を刊行して以降も、二〇世紀探偵小説論をめぐる探究は続いた。その成果は『探偵小説論』連作にまとめられている。

「探偵小説＝二〇世紀小説」論は「大量死理論」の名称で一般化したが、この言葉には誤解を招きかねないところがある。英米の大戦間探偵小説が第一次大戦の未曾有の戦禍から生じたとしても、大量死と探偵小説を一般論として重ね合わせることはできない。大量死はいつの時代にもあったが、モダニズム運動が生じたのは第一次大戦後のことだ。大量死の体験が一九世紀的なヒューマニズムを打ち砕いた文明史的衝撃こそが、芸術破壊運動としてのモダニズムを勃興させたのだが、探偵小説の場合にも同じことがいえる。

二一世紀も最初の四半世紀が終わろうとしている今日、第三の波以降の探偵小説ジャンルには無視できない新現象が観察される。国内的には、かつて島田荘司が「器の本格」と命名したタイプの作品の過飽和状態が生じている。また対外的には、アジア諸国から欧米諸国まで日本の探偵小説が広範に受容される事態が見られる。いずれも新本格作家が踵を接して登場した一九九〇年前後には、想像もできなかったような目覚ましい出来事だ。

二一世紀の今日、無意味化した死者を「二重の光輪」で虚構的に意味化するという探偵小説の欲望は、すでに失われたのかどうか。失われたとすれば、二一世紀探偵小説の欲望はどのようなものであるのか。この問いを問う新世代の論者の提起を待ちたいと思う。

出典一覧（再録に当たって加筆修正した箇所があります）

はじめに
（『探偵小説と二〇世紀精神』はじめに、東京創元社、二〇〇五年）

Ⅰ　探偵小説と二〇世紀精神
（『探偵小説論Ⅱ』第一章「世界戦争の小説形式」東京創元社、一九九八年）

Ⅱ　探偵小説と世界戦争
（『探偵小説論Ⅰ』序章「探偵小説という時代精神」東京創元社、一九九八年）

Ⅲ　戦後探偵小説作家論

1　横溝正史論――論理小説と物象の乱舞
（『探偵小説論Ⅰ』第一章「論理小説と物象の乱舞」）

2　高木彬光論――屍体という錘と戦争体験
（『探偵小説論Ⅰ』第五章「屍体という錘と戦争体験」）

Ⅳ　大量死から大量生へ

1　**探偵小説と二〇世紀の悪魔**

（『探偵小説は「セカイ」と遭遇した』所収、南雲堂、二〇〇八年）

2　**異様なワトスン役**

（同右）

3　**「魂」を奪われた小説形式**

（『ミネルヴァの梟は黄昏に飛びたつか？』所収、早川書房、二〇〇一年）

4　**大量生と「大きな物語」のフェイク**

（『探偵小説と二〇世紀精神』所収）

5　**アメリカニズムと「小さな物語」**

（同右）

大量死《たいりょうし》と探偵小説《たんていしょうせつ》

二〇二四年一〇月二一日 第一刷発行

著者 笠井《かさい》潔《きよし》

発行者 太田《おおた》克史《かつし》
編集担当 太田克史
編集副担当 前田《まえだ》和宏《かずひろ》

発行所 株式会社星海社
〒一一二-〇〇一三
東京都文京区音羽一-一七-一四 音羽YKビル四階
電話 〇三-六九〇二-一七三〇
FAX 〇三-六九〇二-一七三一
https://www.seikaisha.co.jp

発売元 株式会社講談社
〒一一二-八〇〇一
東京都文京区音羽二-一二-二一
(販売) 〇三-五三九五-五八一七
(業務) 〇三-五三九五-三六一五

印刷所 TOPPAN株式会社
製本所 株式会社国宝社

アートディレクター 吉岡秀典《よしおかひでのり》(セプテンバーカウボーイ)
デザイナー 榎本美香《えのもとみか》
フォントディレクター 紺野《こんの》慎一《しんいち》
校閲 鷗来堂《おうらいどう》

ISBN978-4-06-537379-8
Printed in Japan

315
SEIKAISHA SHINSHO

194

新本格ミステリを識るための100冊

令和のためのミステリブックガイド

佳多山大地

〈新本格ミステリ〉がこの一冊で解《わか》る！

本格ミステリの復興探究運動《ルネッサンス》――〈新本格ミステリ〉ムーブメントは、戦後日本における最長・最大の文学運動です。綺羅星の如《ごと》き才能と作品群を輩出してきたその輝きは、令和に突入した今に至る本格ミステリシーンにまで影響を及ぼし続けています。

本書では、その潮流を辿るべく100の傑作を厳選しご案内。さらにその100冊のみならず、本格ミステリ世界《ワールド》へ深く誘《いざな》う〈併読のススメ〉も加え、総計200作品以上のミステリ作品をご紹介します。さあ、この冒険の書《ブックガイド》を手に、目眩《めくるめ》く謎と論理《ロジック》が渦巻く本格ミステリ世界《ワールド》を探索しましょう！

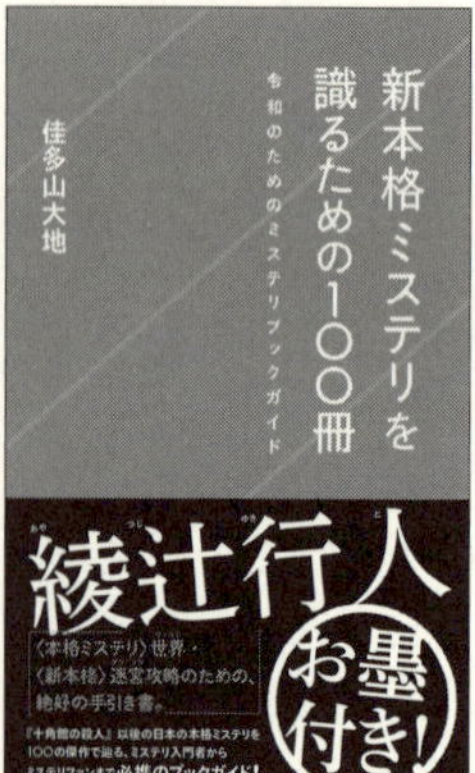

204

エラリー・クイーン完全ガイド

飯城勇三

エラリー・クイーン研究の第一人者によるクイーン入門ガイド!

あなたは本格ミステリを読んでいて、エラリー・クイーンという名前を目にしたことはありませんか? 世界最高の本格ミステリ作家と呼んでも過言ではないでしょう——このクイーンから絶大な影響を受け続け、日本の本格ミステリは世界一の発展を遂げてきました。本書では、〈国名シリーズ〉のエラリー・クイーン＆〈悲劇四部作〉のドルリー・レーン、クイーンが生み出した二大名探偵の活躍をメインに、その全作品を解説。あらすじ、読みどころ、本格ミステリとしての達成、その影響下にある日本のミステリ作品までご紹介します。クイーンを知ることは、本格ミステリの論理の読み方を知ること。本格ミステリをより楽しく読むために、今こそ〝本格ミステリの神〟の歩みを辿りましょう!

222

円居挽のミステリ塾

円居挽×青崎有吾　斜線堂有紀　日向夏　相沢沙呼　麻耶雄嵩

円居挽さんと一緒に学ぶ「ミステリ塾」開講！

かつて自分のセンスを信じるのをやめたことで、デビューを果たしたミステリ作家・円居挽《まどいばん》。京都大学推理小説研究会で叩きこまれた独自のミステリ観は、円居さんの創作の指針であるとともに束縛する枷《かせ》でもありました。このたび、自身は持っていない新たな武器としての「ミステリのおもしろさ」を探し求める円居さんのために集合したのは、青崎有吾《あおさきゆうご》、斜線堂有紀《しゃせんどうゆうき》、日向夏《ひゅうがなつ》、相沢沙呼《あいざわさこ》、麻耶雄嵩《まやゆたか》、当代きっての人気作家たち。彼らの心を震わせてきた多数の本との出逢いから、実際的なミステリ創作のメソッドや苦労やお悩みまでを縦横無尽に語り合い、見えてくるのは作家それぞれの「ミステリ道」！　さあ、この〝円居塾〟に入塾して、あなたも己《おの》がミステリ道を極めましょう！

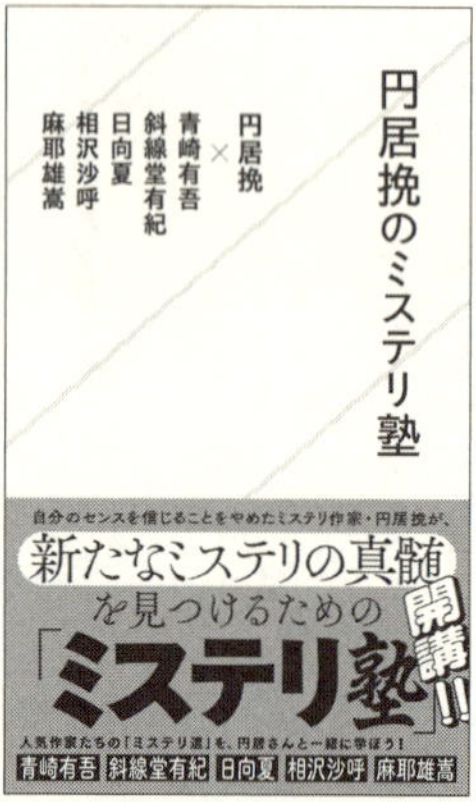

263

密室ミステリガイド

飯城勇三

〈密室〉の独奏と変奏の歴史を辿る本格ミステリガイド！

密室ミステリ、それは本格ミステリというジャンルにおける最長・最大のテーマです。先行する作家が生み出した密室トリックをジャンピングボードとし、後続する作家が更なる斬新なトリックやバリエーションを追究する——その連鎖により、古今東西で数多の密室ミステリの傑作が生み出されてきました。本書では、密室の独創と変奏の歴史を確かめるべく、『モルグ街の殺人』から始まる海外20作＋『本陣殺人事件』から始まる国内30作の密室ミステリ・ベスト50をセレクト。問題篇ではネタバレなし・すべて図版付きで紹介し、解決篇ではネタバラシして考察します。新たな〈密室〉の可能性を切り拓くため、密室の歴史をこの本と共に駆け抜けましょう！

次世代による次世代のための

武器としての教養
星海社新書

星海社新書は、困難な時代にあっても前向きに自分の人生を切り開いていこうとする次世代の人間に向けて、ここに創刊いたします。本の力を思いきり信じて、みなさんと一緒に新しい時代の新しい価値観を創っていきたい。若い力で、世界を変えていきたいのです。

本には、その力があります。読者であるあなたが、そこから何かを読み取り、それを自らの血肉にすることができれば、一冊の本の存在によって、あなたの人生は一瞬にして変わってしまうでしょう。思考が変われば行動が変わり、行動が変われば生き方が変わります。著者をはじめ、本作りに関わる多くの人の想いがそのまま形となった、文化的遺伝子としての本には、大げさではなく、それだけの力が宿っていると思うのです。

沈下していく地盤の上で、他のみんなと一緒に身動きが取れないまま、大きな穴へと落ちていくのか？　それとも、重力に逆らって立ち上がり、前を向いて最前線で戦っていくことを選ぶのか？

星海社新書の目的は、戦うことを選んだ次世代の仲間たちに「武器としての教養」をくばることです。知的好奇心を満たすだけでなく、自らの力で未来を切り開いていくための〝武器〟としても使える知のかたちを、シリーズとしてまとめていきたいと思います。

2011年9月

星海社新書初代編集長　柿内芳文

SEIKAISHA SHINSHO